Der neue SmartHome Bauherrenratgeber

Zweite überarbeitete und ergänzte Auflage

Herstellung und Verlag:
BoD - Books on Demand, Norderstedt
ISBN 978-3-7460-4865-9

Günther Ohland

Der neue SmartHome Bauherrenratgeber

Zweite überarbeitete und ergänzte Auflage

Cover zeigt das Musterhaus „SmartHome Paderborn" im Bau. Bildrechte: SmartHome Paderborn e.V.

1 Inhaltsverzeichnis

Sie wollen ein neues Haus bauen, Ihr bestehendes Gebäude sanieren oder altersgerecht mit „smarten Helfern" aufrüsten? Aber Sie sind kein Technikfreak? Dann ist dieser Ratgeber für Sie genau richtig. Dieses Buch ist für alle, die jetzt und in der Zukunft zeitgemäß leben wollen. Für diejenigen, die Energie sparen möchten, ganz gleich ob aus finanziellen Gründen oder weil das „grüne Gewissen" dies von ihnen erwartet. Sie möchten gerne auch mehr Komfort, vielleicht in etwa so, wie es Ihnen Ihr Auto schon bietet? Sie haben dabei auch im Hinterkopf, dass Sie ja nicht jünger werden und Komfort heute, Erhaltung der Lebensqualität später bedeutet. Und Sie möchten auch etwas gegen die latente Unsicherheit tun. Man hört ja so viel von Hauseinbrüchen.

Vielleicht haben Sie sich im Bekanntenkreis umgehört. Hat schon jemand ein SmartHome? Vielleicht haben Sie mit einem Architekten gesprochen. Kennt er sich aus? Beides ist heute Anfang 2018 immer noch relativ unwahrscheinlich, obwohl mit SmartHome-Technik gegenwärtig allein in Deutschland bereits mehr als 5 Milliarden Euro Umsatz pro Jahr erzielt wird.

Das Angebot an SmartHome Produkten ist bereits sehr vielfältig und leider auch unübersichtlich. Da ist es für viele Handwerker die einfachste Lösung, sich auf einen Hersteller festzulegen und zu versuchen, jede Aufgabenstellung mit dessen Produkten zu lösen. Leider führt dies allzu oft zu überteuerten Kompromisslösungen, die Sie als Bauherren nicht glücklich machen werden. Es gibt nicht die EINE auf jede Aufgabenstellung passende und zugleich sichere und preisgünstige Lösung. Auch die Hersteller von Do-it-yourself Produkten waren nicht untätig. Sie haben die Schwachstellen des Handwerks genutzt und bieten SmartHome Produkte an, die man als leidlich geschickter Heimwerker leicht selbst installieren und an die sich ändernden Wünsche auch später noch anpassen kann.

Für den Einen war es eine Hoffnung auf Marktbereinigung, für den Anderen eher eine Bedrohung des Datenschutzes, als die großen internationalen Unterhaltungselektronik-Anbieter wie Apple, Samsung aber auch Internet-Unternehmen wie Amazon und Google SmartHome für sich entdeckten. Auch diese Angebote werden wir uns in diesem Bauherrenratgeber ansehen.

Diese zweite erweiterte und überarbeitete Ausgabe beschreibt die klassischen und die neuen Angebote. Wie Sie die richtigen Hersteller, den richtigen Standard und den richtigen Partner für die Realisierung finden, erfahren Sie hier. Entscheiden müssen am Ende Sie selbst. Mit diesem Ratgeber können Sie Ihre Entscheidung wissend treffen. Schließlich ist SmartHome keine Modeerscheinung, sondern etwas für die kommenden 30 und mehr Jahre in Ihrer Immobilie.

Beim Neubau ist bautechnisch prinzipiell alles möglich. Sie haben alle gestalterischen Möglichkeiten. Kabel lassen sich (in der Wand) so verlegen, dass sie optisch nicht stören. Aktoren - das sind die elektronischen Schaltelemente, die Licht schalten oder dimmen und Jalousien herauf oder herunterfahren - können übersichtlich und quasi unsichtbar in der Elektroverteilung untergebracht werden und Sensoren – das sind die Elemente, die Temperatur, Licht, Luftfeuchtigkeit und vieles mehr messen - lassen sich am bestmöglichen Ort platzieren. Ideale Bedingungen also. Eine Gebäudesanierung schafft ähnliche Möglichkeiten. Allerdings sind einmal verbaute Elektrokabel ortsfest. Wenn ein Sensor oder Aktor an einen anderen Platz soll, geht das nur mit Schmutz und Lärm.

Bei Sanierung beziehungsweise Umbau finden wir ähnliche Möglichkeiten vor, wie beim Neubau. Vielleicht ist das Gebäude sogar entkernt. Zumindest wird man einzelne – nicht tragende – Wände entfernt haben, der Putz ist nicht mehr auf den Wänden, die alten Fenster sind raus und die Fußböden fehlen. Die gesamte Elektroinstallation wird neu gemacht, leistungsfähiger und aktuell normgerecht. Vielleicht wird auch gleich eine Fußbodenheizung eingebaut.

Natürlich werden Sie zusammen mit den neuen Fenstern auch neue Jalousien einbauen lassen und selbstverständlich welche, die elektrisch von einem so genanntem Rohrmotor angetrieben werden. Diese elektrische, automatisierte Beschattung werden Sie später - wenn Sie in Ihrem SmartHome leben - lieben. Sie ist ein ganz wesentlicher Bestandteil eines komfortablen, cleveren Hauses.

Smarte Technik ist nicht dem Neubau oder der Kernsanierung vorbehalten. Es gibt heute mehrere gute, erprobte SmartHome Systeme, die sich recht einfach auch im Gebäudebestand nachrüsten lassen. Diese Systeme nutzen Funk zur Kommunikation. Sie stehen den kabelgebundenen, so genannten Bus-Systemen funktionell in Nichts nach. Funk wird im Allgemeinen kritisch gesehen. Es stellen sich die Fragen, ob Funk denn auch sicher genug sein und wie das mit gesundheitlichen Risiken ist. Im Gegensatz zum WiFi / WLAN, Handy oder Schnurlostelefon funkt die Haustechnik nicht ständig, sondern nur dann, wenn ein Sensor oder die SmartHome-Zentrale Daten an einen Aktor übertragen muss. Also beispielsweise wenn man einen Taster an der Wand drückt, um das Licht einzuschalten, oder ein Temperatursensor erkennt, dass es wärmer geworden ist. Die elektromagnetische Strahlung ist also sehr viel geringer als bei WiFi, Handy oder Schnurlostelefon.

Die nachrüstbare Funktechnik kann selbstverständlich auch für den Neubau verwendet werden. Das tun viele Fertighaushersteller aus guten Gründen. Mit einem gewissen Heimwerker Geschick kann man ein Funksystem sogar weitgehend selbst installieren. Wenn Sie daran Interesse haben, empfehle ich Ihnen mein Buch „Jetzt mache ich mein Heim selber smart", ISBN Nummer 978-3-7322-3658-9.

5   Altersgerecht Umbauen

Das altersgerechte Umbauen ist ein Thema, das Spezialisten schon seit vielen Jahren beschäftigt. Aber was bedeutet denn eigentlich „altersgerecht"? Zuerst ist einmal ein hohes Lebensalter gemeint. Es wird also nicht für das Alter von Kindern mit ihren Bedürfnissen umgebaut, sondern für alte Menschen. Und damit sind meist wiederum gebrechliche, in ihren Bewegungsmöglichkeiten eingeschränkte Menschen gemeint. Die Wohnberater für altersgerechtes Umbauen, haben früher eigentlich nur an Handläufe an den Treppen, Einstiegs- und Ausstiegshilfen bei Badewannen und die Beseitigung von Schwellen und Stolperfallen gedacht. Alles wichtig, aber nicht genug. Und was ist mit den Wohnbedürfnissen der Kinder?

Manchmal frage ich mich, warum es ums altersgerechte „Umbauen" geht? Warum baut man nicht gleich „richtig"? Wen stört ein Handlauf an der Treppe, wen ein Handgriff im Bad und wer bitteschön legt Wert auf Schwellen und Stolperfallen? Also bitte liebe Architekten, gleich richtig machen. Als Bauherr oder Umbauherr haben Sie es in der Hand. Und ich frage mich auch, warum geht es nur um die „Alten"? Jedes Alter hat seine Besonderheiten. Kleinkinder sind nun einmal klein und haben eine andere Wahrnehmung der Welt von uns Großen. Es ist für sie beispielsweise schwierig, Lichtschalter oder Fahrstuhlknöpfe zu erreichen. Die Bedienhöhe, wie sie für Rollstuhlfahrer Vorschrift ist, hilft auch den Kindern. Das gleiche gilt auch für Rollstuhlrampen. Nicht nur echte „Rollis", auch Rollatoren und Kinderwagen lassen sich so leichter auf die „nächste Ebene" befördern.

Sie sollten auch Folgendes bedenken: Auch wenn Sie jung und sportlich sind, Ihre Eltern und vielleicht auch Großeltern sind es vermutlich nicht mehr. Möchten Sie, dass Ihre Eltern Sie besuchen kommen und sich wohl fühlen? Dann sorgen Sie dafür, dass sie die Treppen in Ihrem Haus auch allein benutzen können (Handläufe) und dass die Dusche keine „unüberwindliche" Einstiegshöhe hat. Und vielleicht muss das Gästezimmer ja nicht unbedingt unter dem Dach in der 3. Etage sein.

Viele Wohnberater haben durch ihre Beratungspraxis gelernt und denken inzwischen weiter. Sie haben gelernt, dass mechanische Hilfen nicht alles sind. So gehört nun auch smarte Technik zum altersgerechten Bauen. Das ist oft ganz trivial. Ein zusätzlicher Lichtschalter am Bett sorgt dafür, dass der Weg vom Bett zum WC beleuchtet werden kann. Und nachts mit reduzierter Helligkeit (LED), um zur Toilette und wieder zurück zu finden, ohne das (blendende) große Licht einzuschalten. Schauen Sie sich mal auf den Webseiten der KFW um.
 Unter folgender Adresse finden Sie passende Programme für altersgerechten Umbau und Einbruchschutz.
 https://www.kfw.de/inlandsfoerderung/Privatpersonen/Bestandsimmobilien/

Ein wichtiger Punkt ist die Beschattung, besonders für Menschen die überwiegend liegen, vielleicht sogar „bettlägerig" sind. Wie wir alle wissen, wandert die Sonne auf einer sich täglich ändernden Bahn „um das Haus". Im Sommer steht sie höher, als im Winter. Je nach Wetter sorgt sie für Erwärmung, dort wo ihre Lichtstrahlen auf einen festen Körper treffen, eine Wand, den Boden und eben auch – durch das Fenster - das Bett bzw. die Bettdecke. Die Sonne hilft uns dabei, das Zimmer zu erwärmen und spart damit Heizkosten, doch sie lässt sich nicht regeln. Man kann sie nur aussperren, wenn es warm genug ist. Dazu dient das Außenrollo bzw. die Jalousie. Also im Sommer Rollos runter? Dann ist es auch dunkel im Raum und das wird unserem „Patienten" dort nicht gefallen und nicht guttun. SmartHome-Technik kann dafür sorgen, dass die Sonne nur dann, wenn sie auf ihrer Bahn so steht, dass sie durchs Fenster hineinscheint und gleichzeitig eine Höchsttemperatur überschritten ist, soweit ausgesperrt wird, dass sie nicht mehr zur Erwärmung beiträgt. Das ist die so genannte Beschattungsposition. Ist die Sonne weitergezogen, fährt das Rollo automatisch wieder ganz hoch.

Auch ohne bettlägerigen Patienten ist diese Funktion eine tolle Sache. Wenn Sie berufstätig sind, kommen Sie im Sommer abends nie in ein überhitztes Haus. Haustiere und Blumen werden es Ihnen danken.

Seit Oktober 2014 können private Eigentümer und Mieter von Zuschüssen profitieren, die dem Abbau von Barrieren in Wohngebäuden dienen und zugleich die Einbruchsicherheit erhöhen. Hierfür stellt der Bund insgesamt 54 Millionen Euro bis 2018 zur Verfügung. Es ist geplant, dieses Programm weiterzuführen. Damit wird das seit Jahren erfolgreiche Kreditprogramm der KfW "Altersgerecht Umbauen" um eine Zuschussvariante ergänzt. Kombiniert werden können die Zuschüsse mit den Programmen zur energetischen Gebäudesanierung. Antragsberechtigt sind private Eigentümer von Ein- und Zweifamilienhäusern und Eigentumswohnungen sowie Mieter. Finanziert werden bis zu acht Prozent der förderfähigen Investitionskosten für die Durchführung einzelner, frei kombinierbarer Maßnahmen zur Barrierereduzierung, maximal jedoch 4.000 Euro pro Wohneinheit. Für den Förderstandard "Altersgerechtes Haus" können Zuschüsse in Höhe von zehn Prozent der förderfähigen Investitionskosten, maximal 5.000 Euro pro Wohneinheit, beantragt werden.

Und hier ist der Link zu allen Details des Programms:

Fazit

- Gleich ohne Stolperfallen und Schwellen bauen.
- Genügend Manöverierfläche für Kinderwagen und Rollator vorsehen.
- Treppen so planen, dass man sie auch mit einem Gipsbein nutzen kann.
- Elektrische Jalousien einbauen. Bund und KFW beteiligen sich beim Umbau mit Zuschüssen und Darlehen.

6   Die Planung

Der späteste Zeitpunkt für die SmartHome-Planung ist, wenn der Architekt Ihnen sagt, er sei mit seiner Planung fertig. Dabei ist es gleich, ob es um Neubau oder Umbau geht. Ja plant der Architekt denn nicht das „smarte Home"? Die Vorstellung wäre schon sehr schön, doch derzeit ist sie leider noch nicht die allgemeine Realität. Architekturstudenten lernen Vieles, aber leider noch nicht, ein SmartHome zu planen. Obwohl bundesweit entsprechende Weiterbildungen angeboten werden, fühlen sich die allermeisten Architekten in der Rolle des SmartHome-Planers nicht wirklich wohl und sicher. Sie sind auf Hilfe angewiesen und vertrauen auf ihren Elektrofachmann. Schließlich ist SmartHome ja elektrisch. Sie vergessen dabei, dass SmartHome nicht nur Licht und Rollo ist, sondern auch Heizung/Kühlung, Gartenbewässerung, Security, Kameras, Haushaltsgeräte, Photovoltaik, Elektromobilität, TV und Multimedia. Und alles soll sinnvoll miteinander agieren, die häusliche Sicherheit und den Einbruchschutz verbessern, den Komfort erhöhen und dabei auch noch Energie sparen. Ja, es ist alles elektrisch, aber ein Elektroinstallateur kann nur Teile davon liefern und einbauen. Was wird er also auf die Frage seines Architekten-Partners „Der Kunde möchte smart bauen, können Sie das?" antworten? In der Regel hört sich das so an: „Ach das funktioniert ja alles noch gar nicht, das ist überhaupt nicht kompatibel und sowieso viel zu teuer. Reden Sie das dem Kunden aus." Und wie wird der Architekt reagieren, wenn sein Elektrofachmann ihm dies sagt? Er wird den Kunden auf das Jahr 2030 vertrösten. Nun ja, einige Kunden haben daraus geschlossen, dass der Architekt nicht auf der Höhe der Zeit ist und sich einen anderen gesucht. Oder sie haben sich an Fertighausfirmen wie Jetzthaus, WeberHaus, Fingerhaus, ELK Fertighaus, Schwabenhaus, Hansehaus, Albert-Haus, Bien-Zenker, Huf-Haus, Davinci-Haus oder Suckfüll gewandt. Die bauen nämlich bereits seit Jahren „Smart ab Werk".

Sie sollten also bereits im Vorfeld – am besten mit dem Architekten - klären, ob Sie einen Elektroinstallateur haben, der aufgeschlossen
für SmartHome ist. Wenn nicht, und das ist leider heute (2018) noch
die Mehrheit, gibt es zwei Möglichkeiten. Entweder, Sie suchen sich
einen anderen Installateur oder – und das ist die bessere Lösung - Sie
suchen sich einen „SmartHome Systemintegrator". Diese Leute haben
wirklich umfassende Ahnung und erfüllen alle Wünsche nach Heimautomation.

SmartHome geht weit über die Gewerkegrenzen des Elektrikers
hinaus. In Deutschland gibt es traditionell eine klare Trennung der
Gewerke. Der Elektroinstallateur baut keine Heizungen, deckt nicht
das Dach und richtet Ihnen nicht die App für die Überwachungskamera
ein. Der Heizungsbauer baut keine Fenster und Türen ein und montiert
keine Regenrinnen. Im SmartHome muss allerdings vieles sinnvoll zu-
sammenwirken. Diese Leistung, dafür zu sorgen, dass alle klassischen
Gewerke so errichtet werden, dass sie miteinander arbeiten können,
erbringt der Systemintegrator. Ja, er kostet zusätzliches Geld, doch er
wird ihnen mehr als das investierte Geld ersparen, weil er Fehler vermeiden hilft und doppelte Ausgaben bei den einzelnen Teilgewerken
vermeidet.

Eine Liste von zertifizierten Fachbetrieben für Gebäudetechnik finden sie auf der Website der SmartHome Initiative Deutschland e.V.
www.smarthome-deutschland.de. Zur Detailplanung kommen wir im
weiteren Verlauf dieses Ratgebers.

Was ist besser, individuell „Stein auf Stein" oder „Von der Stange"? Diese Frage ist an sich schon falsch. Auch Fertighäuser können individuell geplant sein. Sie werden dann nur in der Fabrik als große Bauteile vorgefertigt und auf der Baustelle assembliert. Sie können aber auch Typhäuser aus dem Katalog sein. Auch „Stein auf Stein" bietet individuelle Planung oder die Kopie eines bereits schon einmal oder mehrmals gebauten Gebäudes.

Grundsätzlich bieten Häuser aus der Fabrik Vorteile. Alle Bauteile unterliegen im Fertigungsprozess einer umfangreichen Qualitätskontrolle. Beispielsweise wird der Wasseranteil im Holz gemessen und dokumentiert. Die Fertighaushersteller halten sich sehr streng an ISO-Normen. Auf der individuellen Baustelle ist dies leider nicht immer möglich. Verfügt ein Rohbau noch nicht über ein Dach, regnet es unter Umständen rein. Diese Gefahr besteht bei einem Fertighaus nicht in dem Maße, weil durch die vorgefertigten Teile das Gebäude normalerweise in 48 Stunden regenfest ist. Ich möchte jetzt nicht den Eindruck erwecken, dass konventionell gebaute Häuser schlechter seien, als Fertighäuser. Der Bau-Industrie fällt es nur leichter im Werk Qualität zu messen und zu dokumentieren, als dem Bau-Handwerk auf der Baustelle.

Ein weiteres Plus pro Fertighaus, eigentlich ein Plus für den Schlüsselfertigbau und unabhängig von der Machart oder der Baustoff-Technologie: Als „Häuslebauer" mit konventioneller Bauweise koordinieren Sie als Bauherr die Handwerker. Lassen Sie sich dagegen ein schlüsselfertiges Haus errichten, übernimmt diese Aufgabe der Generalunternehmer. Der ist Profi und haftet für seine Arbeit. Und was hat das nun mit SmartHome zu tun?

Wird Ihr neues Haus beispielsweise aus Betonfertigteilen errichtet, werden bereits in der Fabrik Installationsrohre in das Stahlmattengeflecht gelegt, bevor der Beton in die Form gegossen wird. In diesen Rohren liegen später die Kabel. Und zwar nur dort. Ist der Beton ausgehärtet, gibt es keine Korrekturmöglichkeiten mehr. Alle ungeplanten, zusätzlichen neuen Kabel legen Sie später sichtbar auf den Putz. Eine gute und sorgfältige Planung ist deshalb ein Muss. Fehler lassen sich nicht mehr korrigieren.

Bauen Sie ein Holzhaus, gibt es in der Regel eine so genannte Installationsebene. Hier lassen sich auf einfache Weise Kabel auch später verlegen. Erst wenn dann ganz zum Schluss die letzte Schicht, beispielsweise Rigips eingebaut ist, ist es mit der Flexibilität zumindest an den hoch gedämmten Außenwänden vorbei. Bauen Sie mit Kalksandstein oder Ton-Bausteinen, schlitzt der Installateur die Wände dort, wo Kabel und Steckdosen eingebaut werden sollen, auf. Anschließend werden diese Schlitze zugegipst. Jede Veränderung bedeutet neue Schlitze, also kostet Arbeitszeit, Bauzeit und damit Ihr Geld. Es gibt innovative Kalksandsteine mit vorbereiteten Schlitzen für die Installation. Leider werden Sie nur sehr selten verwandt.

Sollten Sie also smart bauen wollen und ein Kabel-gebundenes SmartHome Bus-System einsetzen, müssen Sie exakt planen, was Sie wo haben möchten. Wo sollen Lichtschalter hin, wo die Thermostate der Einzelraumregelung und wo Bewegungsmelder. Nachträgliche Arbeiten sind teuer, machen Schmutz und Lärm. Läuft Ihr Baubudget etwas aus der Planung und Sie müssen sparen, lässt sich die smarte Infrastruktur bei Kabel-gebundenen Systemen nicht so einfach auf später verschieben und nachrüsten. Ich formuliere so vorsichtig, weil es zumindest ein System gibt, bei denen das doch geht. Dazu später mehr.

Oder Sie setzen gleich auf Funk. Dann halbiert sich Ihr Problem. Steckdosen und Leuchten müssen natürlich immer noch per Kabel mit 230 Volt versorgt werden und die Antriebsmotoren der Jalousien auch. Nicht aber die Licht- und Rollo-Schalter, Temperatursensoren, Fensterkontakte etc. Diese Sensoren kommunizieren über Funk mit der SmartHome-Zentrale. Sie veranlasst dann die Aktoren, das Licht zu dimmen, das Rollo zu heben und so weiter.

Unsere Nachbarn in Österreich und der Schweiz verlegen Elektroleitungen regelmäßig in so genannten Leerrohren. Damit gewinnt man Flexibilität und kann später relativ einfach beispielsweise ein Datenkabel nachziehen. Bei uns sind Leerrohre nicht mehr üblich, weil angeblich zu teuer. Überlegen Sie, ob Sie trotzdem Lehrrohre fordern. Lassen sie sich für beide Varianten ein Angebot machen.

Dem Bauhandwerk in Deutschland geht es seit Jahren gut, sogar sehr gut. Volle Auftragsbücher und kein Ende abzusehen. Solange die Hypothekenzinsen so niedrig sind wie derzeit (2018) wird nicht auf dem Sparbuch gespart, sondern das Geld in „Betongold" angelegt. Es wird gebaut. Das ist schön fürs Handwerk, aber schlecht für SmartHome und für Sie.

Handwerker können auswählen und nehmen nicht jeden Auftrag an. Am liebsten realisieren sie einfache, große Projekte. Ein komplexes Haus von 200 Quadratmeter mit Bussystem fällt da viel zu häufig durchs Raster, weil zu komplex. Und wenn der Bauherr unbedingt so ein „neumodisches Zeugs" will und nicht mit Standard zufrieden ist, wird ein Preis gemacht, der manchmal schon wie eine Geldstrafe für Querulanten anmutet.

Spaß beiseite: Der Handwerksmeister ist Unternehmer. Bei der aktuellen Auftragslage ist sein Problem, geeignete Fachkräfte zu bekommen und nicht interessante Projekte zu realisieren. Jedes Nicht-Standard-Projekt stört seinen Ablauf. Sie müssen also einen Handwerker finden, der gerne SmartHome macht.

Können Elektroinstallateure eigentlich SmartHome? Ja, seit vielen Jahren lernen alle Auszubildende das Thema Bussysteme und für Elektromeister ist es sogar Prüfungsthema. Werden im Betrieb allerdings keine SmartHomes installiert, ist das Wissen bald veraltet oder sogar verloren. Alle Elektromeister lernen auf der Meisterschule unterschiedliche Bussysteme kennen. Auch hier gilt: Nur die Übung macht den wahren Meister.

Rundfunk- und Fernsehtechniker Gesellen und Meister kennen sich mit Informationstechnologie, also Routern, Switches, Ethernet, „Power over Ethernet" und dem Internetprotokoll IP aus. Sie sind von ihrer Ausbildung her als Systemintegratoren prädestiniert. Eine Kombination aus Elektroinstallateur für die fachgerechte Verlegung der 230 Volt Verkabelung und der Aktoren und einen Rundfunk- und Fernsehtechniker zur Konfiguration des Netzwerkes, des SmartHome-Servers, Einbindung von Multiroom und IP-Kameras, das wäre eine geschickte Lösung. In der Tat wird derzeit daran gearbeitet, Rundfunk- und Fernsehtechniker als „SmartHome Integrator" zu qualifizieren. Doch diese Leute können wir uns leider nicht „backen". Es wird wohl noch drei bis fünf Jahre dauern, bis die positive Auswirkung der Weiterbildung in der Fläche Deutschlands sichtbar wird. Dazu kommt, dass der Beruf des Rundfunk- und Fernsehtechnikers aussterben wird. Man kann Fernsehgeräte heute nicht mehr reparieren, im eigentlichen Sinne.

Und Dann gibt es da noch den Sanitär-, Heizungs- Klima-Handwerker (SHK). Dieses Handwerk hat bis vor ganz kurzer Zeit mit SmartHome gar nichts am Hut gehabt. Heizkessel, Rohrleitungen für die Heizungen, warmes und kaltes Wasser und noch ein bisschen Solarthermie. Das war's. Inzwischen kennt man sich mit Wärmepumpen aus, mit wasserläufigen Feuerstellen bzw. Kaminen und mit automatisierten Wohnraumlüftungen. Immer mehr Betriebe verstehen auch Mikro-Blockheizkraftwerke (Mini-BHKW). Es tut sich also etwas. Trotzdem ist laut aktueller Untersuchungen nur jede zweite Heizung richtig eingestellt. Und der so wichtige hydraulische Abgleich wird nur sehr selten überhaupt bzw. richtig gemacht. Für den Kunden bedeutet dies, dass seine Heizung nicht effizient arbeitet. Experten sprechen von 30% bis 40% Verbesserungspotenzial. Wie viel Öl und Gas könnten wir sparen, wenn die Heizungen richtig eingestellt wären.

Der SHK-Handwerker und der Elektroinstallateur müssen in der Planung und auf der Baustelle zusammenarbeiten. Auch die ganz normale Heizung funktioniert nicht ohne Strom. Der SHK-Handwerker baut deshalb elektrische Stellventile und Raumregler ein, schließt sie aber nicht an. Vorsicht 230 Volt! Das macht dann der Elektriker. Künftig werden sich die beiden Gewerke noch mehr miteinander verzahnen müssen, denn die Daten für eine Heizungsoptimierung kommen von der Wetterprognose aus dem Internet oder einer Wetterstation am Haus. Eine dynamische Absenkung bei Abwesenheit der Bewohner wird von der Gebäudesteuerung veranlasst. Ebenso die Signale für nicht verschlossene Fenster und Vieles mehr. Hier muss der SHK-Handwerker allerdings noch lernen, Technik und Branchen übergreifend zu handeln. Glücklicherweise haben schon viele SHK-Handwerker erkannt, dass SmartHome für sie eine tolle Chance ist, höherwertige Produkte zu verkaufen. Viele haben sogar schon einen eigenen Elektromeister eingestellt. Vielleicht ist der SHK-Mann, der Haustechniker, der künftige SmartHome-Handwerker.

Wissen Sie wovon die meisten Heizungssteuerungen in Deutschland es abhängig machen, ob der Brenner am Heizkessel gestartet wird? Es ist nicht der Wärmebedarf im Haus. Es ist die Außentemperatur. Der Außenfühler misst die Temperatur meist an der Nordseite des Gebäudes. Ist es dort kalt, wird der Brenner gestartet. So wird zumindest verhindert, dass die Heizung einfrieren kann, eine optimale, wärmebedarfsgesteuerte Regelung – wie sie die EU eigentlich vorschreibt – geht so allerdings nicht. Doch auch hier ist Bewegung in der Szene und Besserung in Sicht.

Fazit

Die deutschen Handwerker sind Spitze, aber zur Zeit überlastet. Sie haben andere Probleme als SmartHome.

- Die traditionelle Trennung der Gewerke macht integriertes Arbeiten schwierig.
- Am besten suchen Sie sich einen SmartHome Systemintegrator, der die unterschiedlichen Gewerke koordiniert.

Oft höre ich: „SmartHome braucht kein Mensch". Völlig richtig, aber Fernseher und Navi auch nicht. Es gibt auch Zeitung und Radio und zur Orientierung Landkarten. Wir brauchen im Auto keine Airbags und kein ABS und ESP schon gar nicht. Einfach vernünftig fahren, oder? Nein, nur relativ wenige Leute brauchen SmartHome tatsächlich zum Leben, aber für alle ist es sehr nützlich und angenehm. Es ist heute der Stand der Technik wie fließendes kaltes und warmes Wasser, Telefon, Radio, TV und Internet.

Die Ziele von SmartHome sind

- **Komfort verbessern**
- **Sicherheit erhöhen**
- **Energiebedarf optimieren**

Und diese Ziele werden tatsächlich auch erreicht.

Das Spektrum der Produkte und Dienste, die man dem Begriff SmartHome zuordnen kann, ist sehr umfangreich. Niemand wird wohl das ganze Angebot benötigen. Es kommt immer auf die Lebenssituation, Alter, eventuelle Gebrechen, bestimmte Vorlieben und nicht zuletzt auf das zur Verfügung stehende Budget an.

9.1 Komfort verbessern

Was bedeutet „Komfort verbessern"? Der elektronische Sklave im Haus – die SmartHome Zentrale – soll den Bewohnern möglichst viele Routinearbeiten abnehmen. Beispielsweise den Rasen sprengen, wenn der Boden zu trocken wird. Um beim Garten zu bleiben, der Sklave, oder nennen wir ihn lieber Butler, soll dafür sorgen, dass das Gras immer perfekt geschnitten ist. Wenn Ihr Hobby allerdings Rasen mähen ist, benötigen Sie natürlich keinen Rasenroboter. Das SmartHome soll ja kein Spaßverderber sein.

Der Beschattungsassistent sorgt dafür, dass die Sonne keine Chance hat, im Sommer die Wohnräume zu sehr aufzuheizen. Er kennt die Position des Gebäudes, die Ausrichtung der Fenster und den tagesabhängigen Lauf der Sonne. Dazu senden ihm Sensoren die Temperaturwerte des Hauses. Dann auszurechnen, ob die Sonne die Räume mehr aufheizt, als Sie vorgegeben haben, ist für den „Butler" ein Leichtes. Übrigens macht er das auch, wenn Sie gar nicht zuhause sind. Sie kommen also nie nach Hause und denken, dass Ihr Wohnzimmer eine Sauna sei. So sind die smarten Butler: Sie arbeiten nach den von uns aufgestellten Regeln. Immer! Und immer zuverlässig. Was sich hier wie eine nette Luxusfunktion liest, ist für bettlägerige Menschen eine ganz wichtige Funktion für Lebensqualität. Eine Altenpflegerin in einem Pflegeheim sagte mir einmal: "Sonst muss man eben schwitzen bis der Pfleger kommt".

Zu den Komfort-Funktionen gehört natürlich auch die Video-Türstation. Klingelt jemand an der Tür oder am Gartentor, erkennt das die SmartHome-Zentrale und informiert die Bewohner im Haus. Vielleicht nur durch einen Klingelton, vielleicht für Hörgeschädigte auch durch ein Flackern des Lichts. Läuft gerade der Fön im Bad – und bei dem Geräuschpegel überhört man die Klingel leicht – schaltet die SmartHome-Steuerung die Fönsteckdose im Sekundenrhythmus ein und aus. Das ist das vereinbarte Signal, dass jemand klingelt. Nun schnell ein Blick aufs Smartphone, Tablet oder das TV-Gerät und man sieht, wer vor der Tür steht. Es gibt übrigens auch Badezimmerspiegel mit eingebautem Display. Natürlich kann man mit dem Besucher in den Dialog treten. Übrigens funktioniert das genauso, wenn Sie gar nicht im heimischen Bad sind, sondern am Strand liegen, irgendwo auf der Welt, wo es Handy-Empfang gibt. Der Besucher erkennt keinen Unterschied.

Ein anderes Szenario: Sie sind zuhause, sitzen auf dem Sofa, sehen fern und es klingelt. Sie schauen auf das TV-Gerät, sehen in einem sich öffnendem Bildschirmfenster, wer draußen steht, erkennen den Pizzaboten und mit einem Druck auf das smarte Tablet oder die TV-Fernbedienung öffnen Sie dem Boten die Tür. Das ist SmartHome-Komfort. Völlig überdreht? Dekadent? Dann stellen Sie sich vor, der Mensch auf dem Sofa sei gehbehindert. Vielleicht weil er alt ist und Arthrose hat, oder einen Skiunfall hatte. Da ist die Situation doch gleich eine andere. Die Technik ist allerdings die gleiche. Wissenschaftler reden bei dieser Art der Nutzung gern von AAL, „ambient assited living", anstelle von SmartHome. Gemeint ist das gleiche.

Stellen Sie sich vor, sie kommen von der Arbeit nach Hause. Auf dem Weg dorthin hat Ihr Mobiltelefon der SmartHome-Zentrale gemeldet, dass sie kommen. Nun wurde die Heizung von Stand-by auf Wohlfühltemperatur gestellt. Die Tür erkennt Sie und öffnet sich und aus den vernetzten Lautsprechern ertönt Ihre Lieblings-Feierabend-Musik. Sie fragen Alexa, ob Sie Post bekommen haben und lassen sie sich vielleicht sogar vorlesen. Dann schauen Sie, wer heute an Ihrer Haustür war und vielleicht eine Nachricht hinterlassen hat.

Als nächstes starten Sie mit einem Tastendruck oder Sprachkommando die Lichtszene „Feierabend". Das Licht in den Räumen verändert sich, die Musik auch und vielleicht auch die Temperatur. Alles, was Sie wollen.

Die hell dargestellte Dose an der Decke empfängt die Schalt- und Dimmsignale und steuert die LED-Leuchten in der Küche an.
(Foto Alfred Schellenberg GmbH)

Je älter man wird, desto mehr interessiert man sich für Sicherheit. Man hat ein eigenes Haus oder eine eigene Wohnung und in der Nachbarschaft wurde eingebrochen. Schon stellt sich die Frage: „Ist unser Haus sicher?" Genauso wichtig: „Was passiert, wenn ein Wasserrohr bricht oder leckt und wir nicht zuhause sind? Und wenn es nachts brennt, werden wir rechtzeitig gewarnt?" Diese und viele weitere Fragen gewinnen mit zunehmendem Alter an Gewicht. SmartHome hilft!

Ein smartes Heim ist grundsätzlich sicherer, als ein konventionelles. Warum? Ein SmartHome benimmt sich gleich, es wirkt nach außen immer so, als ob jemand da ist. Es signalisiert „bewohnt". Rollläden fahren, der Garten ist gepflegt und Licht schaltet sinnvoll. Potentielle Einbrecher suchen sich lieber etwas offensichtlich Unbewohntes.

Ein SmartHome verfügt über Fenstersensoren. Beispielsweise Fensterrahmenkontakte oder funkende Fenstergriffe. Der Zustand eines jeden überwachten Fensters ist also dem SmartHome System bekannt. Wird nun ein Fenster geöffnet, obwohl eigentlich niemand zuhause ist, kann es sich nur um einen Einbruch handeln. Das Haus reagiert dann, wie wir es ihm vorgegeben haben. Also Lärm machen, Licht machen, Pushmail an Nachbarn und eventuell an einen Sicherheitsdienstleister senden. Die Polizei dürfen wir leider nicht direkt informieren, auch wenn dies immer wieder behauptet wird. Der Sicherheitsdienstleister oder wir selbst prüfen beispielsweise per eingebauter Kamera, ob ein Einbruch stattfindet und dann darf die Polizei natürlich sofort gerufen werden. In so einem Fall − verifizierter Einbruch − ist die Polizei schnell vor Ort, gilt es doch einen Einbrecher auf frischer Tat zu fangen.

Im Brandfall gelten andere Regeln. Wird von einem Rauchwarnmelder Rauch erkannt, kann die Feuerwehr sofort angerufen werden. Allerdings kostet jeder Fehlalarm einen dreistelligen Eurobetrag.

Ein richtiges SmartHome hat Kameras. Diese sind normalerweise an der Außenwand angebracht, um aufzuzeichnen, falls sich jemand der „Außenhaut" des Gebäudes nähert und sich an ihr zu schaffen macht. Sinnvollerweise werden die Videos und Fotos nicht nur in der Kamera oder im System im Haus gespeichert, sondern sofort auch per Internet auf einen entfernten Speicher (Cloud-Server) gesendet. Dort kann ein Einbrecher sie nicht erreichen. Die wichtigste Eigenschaft der äußeren Kameras ist die Abschreckung. Dazu müssen sie allerdings gut sichtbar sein, auch nachts. Einbrecher suchen sich dann lieber ungeschützte Objekte. Natürlich lassen sich auch im Haus Kameras installieren. Das empfinde ich allerdings schon als Eingriff ins tägliche Leben. Zwar lassen sich die Kameras automatisch abschalten und nur dann aktivieren, wenn man das Haus verlassen hat. Ich möchte aber nicht ständig unter einer möglichen Dauer-Beobachtung leben. Und Einbrecher bemerken die Kameras erst, wenn sie schon drin sind. Eine abschreckende Wirkung haben Innenkameras nicht.

Noch eine Bemerkung zu Wohnungs- und Haus Einbrechern. Diese Leute sind in der Regel nicht sehr intelligent. Sie können prima mit Schraubendreher und Brecheisen umgehen. Den Typus Spezialagent aus „Mission Impossible" oder „James Bond", der mit dem Handy die Tür öffnet, gibt es in der Realität als Einbrecher nicht. Wer sich derart perfekt mit der Technik auskennt, dass er Türen per Mausklick öffnet, kann mit einem ganz normalen Job leichter viel mehr Geld verdienen und muss nicht einbrechen.

Ich kann Ihnen nur empfehlen, vor dem Baubeginn und der Bestellung von Fenstern und Türen mit der kriminalpolizeilichen Beratungsstelle Ihrer Region einen Termin zu vereinbaren. Das ist kostenlos und in einer Stunde wissen Sie, welche Vorgaben Sie Ihrem Fenster- und Türenbauer machen müssen. Die Mehrkosten für sichere Beschläge sind beim Neubau und einer Sanierung äußerst gering und es ist mir unverständlich, warum Fensterbauer heute immer noch als Standard unsichere Fensterbeschläge einbauen (dürfen), die sich in maximal 12 Sekunden knacken lassen. Tipps zum Thema finden Sie in der Bürgerbroschüre der Polizei auf der folgenden Webseite:

Sicherheit bedeutet natürlich auch, Probleme mit Wasser und Feuer frühzeitig zu erkennen. Smarte Rauchmelder machen nicht nur einfach Lärm, wie etwa konventionelle. Sie sorgen dafür, dass bei Alarm sofort – solange noch Strom da ist - alle Rollläden hochgefahren werden (Fluchtwege) und dass überall im Haus und um das Haus herum die Beleuchtung eingeschaltet wird (Orientierung).

Es gibt Überflutungssensoren, die erkennen, wenn der Ablaufschlauch der Waschmaschine aus dem Abfluss gerutscht ist und den

Boden mit Lauge flutet oder ein Wasserrohr bricht. Die Sensoren erkennen auch, falls das Wasser von außen in den Keller eindringt und schlagen Alarm. Es gibt inzwischen auch Sensoren, die kleinste Wassermengen, die bei Leitungsrissen entstehen, entdecken. Dann können Sie den Wasserzufluss unterbinden und große Schäden am Gebäude und Hausrat vermeiden.

Das Thema Sicherheit lässt sich noch weiter fassen. Es gibt bereits druckempfindlichen Fußboden. Dieser erkennt, wenn ein Mensch stürzt. Das SmartHome-System kann in einem solchen Fall Hilfe herbeiholen. Ein weiteres System, das ähnlich wie Radar funktioniert, wird in Kürze auf den Markt kommen und ebenfalls Stürze erkennen.

Intelligente Schließsysteme erkennen Fingerabdrücke, Autoschlüssel oder RFID-Schlüsselanhänger. Mit dieser Technik lassen sich verlierbare und kopierbare konventionelle Schlüssel vermeiden.

9.3 Energie optimieren

Komfort und Sicherheit sprechen mehr unsere emotionale Seite an. Energiesparen ist dagegen etwas, das sich positiv auf den Geldbeutel auswirkt. Weniger Ausgaben für Energie = mehr Geld im Portemonnaie. Die Preise für Gas, Öl, Kohle, Holz und Strom werden nicht mehr sinken. Wir werden für ein warmes Zuhause künftig mehr zahlen müssen, wenn wir nicht beim Verbrauch gegensteuern. SmartHome hilft auf vielfältige Art und Weise dabei, Energie einzusparen und den Verbrauch zu optimieren.

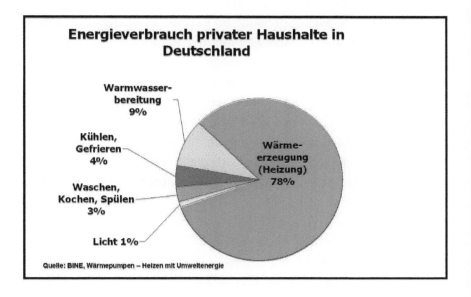

Sie sehen in der Grafik, dass es sich nicht so richtig lohnt, am Licht zu sparen, wohl aber beim Heizen und dem Warmwasser. Hier setzen wir mit unseren Maßnahmen an! Energie sparen ohne Einbußen an Lebensqualität ist das Ziel.

Wir vergeuden täglich Energie, unbewusst. Beispielsweise bei der Heizung. Wer dreht denn schon das Heizkörperventil ab, wenn das darüber liegende Fenster geöffnet wird? Wenn man darüber nachdenkt ist doch klar, dass so im wahrsten Sinne des Wortes „zum Fenster hinaus" geheizt wird. Ein SmartHome erkennt ein geöffnetes Fenster durch Sensoren und schließt das Heizkörperventil. Studien haben ergeben, dass sich je nach Raum so 20 – 40% der Heizkosten dieses Raumes einsparen lassen. Ein Zeitprofil leistet ebenfalls seinen Sparbeitrag. Zeitweise unbenutzte Räume, beispielsweise Kinder- oder Jugendzimmer müssen während der Schulstunden nicht voll durchgeheizt werden. Die Räume sollen aber wieder warm sein, wenn der Nachwuchs mittags nach Hause kommt. Wann muss ein Bad warm sein? Genau, morgens nach dem Aufstehen und am Abend vor dem Schlafengehen. Dazwischen ist es ziemlich egal. Diese Zeit- und Temperaturprofile sind die Vorgabe für eine Raumsteuerung. Mehrere Studien haben gezeigt, dass sich die Heizkosten so um ca. 30% senken lassen. Das ist eine Menge Geld. Und nicht zu vergessen, wir ersparen der Welt eine Menge CO_2.

Voraussetzung für eine smarte Einzelraumregelung sollte immer eine moderne Heizungsanlage sein, die vom Fachmann perfekt eingestellt ist. Erwarten Sie von Ihrem SHK-Betrieb einen hydraulischen Abgleich der Heizungsanlage!

Doch Energieoptimierung kann mehr. Je nach geografischer Lage kann es Sinn ergeben, die Dachfläche mit Photovoltaik (PV) auszustatten und so eigenen Strom zu produzieren. Wegen der aktuellenFörderregelungen sollten Sie den selbst erzeugten Strom möglichst vollständig selbst verwenden, also wenig ins Netz einspeisen und wenig Strom aus dem Netz kaufen. Ein SmartHome sorgt dafür, dass immer dann, wenn mehr Strom erzeugt wird, als aktuell gebraucht wird, elektrische Verbraucher eingeschaltet werden, deren Betrieb sich zeitlich verschieben lässt (Lastverschiebung). Dies können beispielsweise der Warmwasserspeicher sein (9% Verbrauchsanteil!) oder auch ein Elektromobil (Fahrrad, Mofa, Roller, Auto). Die Preisentwicklung von Speicherbatterien ist inzwischen sogar so, dass es bei entsprechend großer PV-Anlage durchaus Sinn ergibt, die eigene Stromüberproduktion für den Spitzenbedarf oder die Nachtstunden zu speichern. SmartHome hilft, die Stromquellen, die Stromverbraucher und den Speicher so zu steuern, dass ein hoher Autonomiegrad erreicht wird. Man kauft also Strom nur, wenn man nicht genug produziert, die Batterie leer ist und der Verbraucher jetzt unbedingt laufen muss. Die Stromkonzerne sind dann nur noch „Lückenfüller". Diese Rolle mögen Sie natürlich gar nicht.

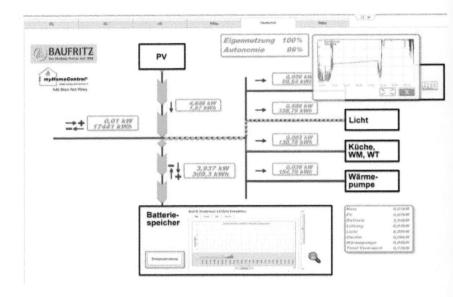

Screenshot des Bildschirms mit freundlicher Genehmigung der Boot-Up GmbH, Schweiz.

Die Grafik zeigt die Stromquelle PV (Photovoltaik), die Verbraucher (Licht, Küche, Wärmepumpe), den Batteriespeicher und den Anschluss an das öffentliche Stromnetz. Das Bild stammt aus einem Musterhaus von Baufritz in Poing bei München. Als Gebäudeautomationssystem und zur Energieoptimierung ist „myHomeControl" des Schweizer Herstellers Boot-Up eingesetzt. Auch WeberHaus, PEHA und Jäger-Direkt nutzen diese umfassende SmartHome Software.

Lassen Sie es mich so sagen: Alles geht, nichts ist unmöglich. Ob alles sinnvoll oder sein Geld wert ist, ist eine andere Frage. Aber jede noch so spezielle Anforderung ist machbar.

Ich habe mit der folgenden Checkliste bei mir selbst abgeschrieben. Die Liste entstammt meinem Buch „SmartHome für alle". Es ist erschienen unter der ISBN Nummer 978-3-848-200320 bei Books on Demand und kostet als Printversion €19,90, als E-Book €15,99.

- ✓ Öffnen Sie die Tür Ihres Hauses oder Ihrer Wohnung mit einem mechanischen Schlüssel, oder erkennt die Tür, dass Sie davor stehen und öffnet Ihnen automatisch?
- ✓ Wenn Sie den Flur betreten, schaltet sich das Licht automatisch ein, falls das Tageslicht nicht ausreicht?
- ✓ Können Sie erkennen, dass Besucher an der Tür waren? Und können Sie abrufen, wer es war?
- ✓ Erkennt Ihr Haus, wenn Ihr Auto in die Einfahrt fährt, öffnet es das Tor und beleuchtet bei Bedarf Ihren Weg?
- ✓ Haben Sie die Möglichkeit, die Türklingel zusammen mit Bild und Ton auf Ihr Mobiltelefon umzuleiten?
- ✓ Wenn Sie Ihr Haus oder Ihre Wohnung verlassen, können Sie auf einem Blick erkennen, ob alle Fenster und Türen verschlossen sind?
- ✓ Wenn Sie Ihr Haus verlassen, können Sie auf einem Blick erkennen, ob alle Elektrogeräte ausgeschaltet sind, die nicht unbedingt laufen müssen?

- ✓ Können Sie beim Verlassen des Hauses/Wohnung die Heizung in bestimmten Räumen kontrolliert absenken und rechtzeitig für Ihre Rückkehr wieder einschalten?
- ✓ Lassen sich die Temperaturen in allen Räumen Ihres Hauses oder Ihrer Wohnung separat und zeitgesteuert einstellen?
- ✓ Schaltet sich in Ihrem Heim das Licht in Räumen, in denen sich niemand aufhält, automatisch aus?
- ✓ Nutzen Sie das Energie sparende LED-Licht?
- ✓ Passt sich das Licht im Schlafzimmer, Flur und Bad nachts automatisch Ihrem Sehbedürfnis an?
- ✓ Stellen sich die Lichtschutzrollos automatisch entsprechend Ihren Bedürfnissen ein?
- ✓ Werden die Außenrollläden bei Sturm automatisch hochgezogen?
- ✓ Haben Sie mehr als eine Fernbedienung in Ihrem Heim, möchten ab lieber alles mit einer steuern?
- ✓ Wird die Lautstärke des TV-/HIFI-Gerätes automatisch reduziert, wenn ein Telefongespräch geführt wird?
- ✓ Kann Ihr TV-Gerät Ihre Urlaubsbilder und Videos zeigen, die auf einem zentralen Medienspeicher in Ihrem Haus oder Wohnung liegen?
- ✓ Können Sie zuhause und über das Internet bei Freunden auf Ihre Urlaubsbilder oder Ihre gespeicherte Lieblingsmusik zugreifen?
- ✓ Können Sie in jedem Raum die gleiche Musik bzw. den Fernsehton hören?
- ✓ Können alle Ihre Bildschirme gleiche Inhalte zeigen, z.B. das TV-Programm, eine Excel-Tabelle, E-Mail oder müssen Sie zwischen TV und PC unterscheiden?

- ✓ Haben Sie auch aus dem Urlaub immer die volle Kontrolle über Ihr Heim und informiert es Sie, falls eine Abweichung vom Normalen eintritt?
- ✓ Wird Ihr Garten bei Bedarf automatisch bewässert?
- ✓ Mähen Sie den Rasen noch selbst, oder sorgt ein Mäh-Roboter dafür?
- ✓ Staubsaugen Sie die Böden selbst, oder überlassen Sie die Reinigung einem automatischen Staubsauger?
- ✓ Kennen Sie die Vorteile eines Zentralstaubsaugers?
- ✓ Bringt Ihr Haustier manchmal „Freunde" mit ins Haus oder öffnet sich die Haustierklappe nur für Ihr Tier?
- ✓ Erzeugen Sie auf dem Dach selbst Strom durch Photovoltaik?
- ✓ Nutzen Sie erneuerbare Energien zum Heizen oder auch zur Stromerzeugung?
- ✓ Können Sie eine im Wohnzimmer begonnene TV-Sendung im Schlafzimmer weitersehen, ohne dass Sie etwas von der Sendung verpassen?
- ✓ Führt Ihre Personenwaage und Ihr Blutdruckmessgerät automatisch Buch und informiert Angehörige, Pflegedienst oder Arzt, wenn etwas nicht in Ordnung ist?
- ✓ Führt Ihr Heim eine elektronische Einkaufsliste, die Sie vom Handy, PC oder TV-Gerät aus ergänzen und bearbeiten können? Lassen sich schwere Artikel wie beispielsweise Mineralwasser-Kästen und Kartoffeln per Kopfdruck bei einem Lieferservice bestellen?
- ✓ Wenn Sie nicht zuhause sind, wie schützen Sie Ihr Hab und Gut? Wirken die Sensoren im Haus als Alarmanlage und informieren Sie oder einen Wachdienst, wenn sich beispielsweise ein Fenster öffnet oder ein „Bewegungsmelder "anschlägt"?

✓ Was passiert, wenn Sie zuhause sind und Einbrecher im Haus vermuten? Kann Ihr Haus die Eindringlinge vertreiben, z.B. mit Licht und Lärm und gleichzeitig Fotos und Videos aufnehmen, die bei der Ergreifung der Täter hilfreich sind?

✓ Kennen Sie den Energie- und Wasserverbrauch Ihres Hauses bzw. Ihrer Wohnung? Und kennen Sie den Strom-Stand-by Verbrauch?

✓ Kann Ihr TV-Gerät auf Internetinhalte wie z.B. die Wettervorhersage zugreifen (Smart-TV)?

✓ Erinnert Sie Ihr Haus an die Müllabfuhrtermine?

✓ Können Sie per Knopfdruck Licht, Temperatur, Vorhänge, Musik und TV steuern? Können Sie abends mit einem Knopfdruck alle Leuchten löschen und die Türen verschießen?

Alles das und noch viel mehr ist machbar!
Äußern Sie deshalb Ihre Wünsche.

11 Wer braucht wann und was?

Wir sind uns sicherlich einig, nicht jeder braucht alles das, was ich im letzten Kapitel aufgelistet habe. Eine junge Familie hat andere Bedürfnisse, als ein Paar im Rentenalter. Eine gute SmartHome-Lösung muss also anpassungsfähig und erweiterbar sein. Noch so günstige Schmalspur- oder Einzwecklösungen sollten Sie allerdings meiden. Sie können heute nicht wissen, welche Bedürfnisse Sie in 15 oder 30 Jahren haben werden. Ihr Haus steht dann aber noch.

Wir haben alle keine Ahnung, was es in 15 oder 30 Jahren an technischen Hilfsmitteln geben wird. Wir können aber heute dafür sorgen, dass die Wahrscheinlichkeit, Zukunftsprodukte in unsere heutige Lösung zu integrieren, sehr hoch ist oder dass sich unser heutiges System in ein künftiges integrieren lässt. Entscheidend dazu ist die Verwendung von Standard-Schnittstellen oder das Vorhandensein von Gateways zu diesen Standard-Schnittstellen. Die wichtigste Schnittstelle nennt sich „IP". Die Abkürzung steht für Internet-Protokoll. Dieses Protokoll beschreibt, wie Geräte Daten austauschen. In der Regel über das lokale Netzwerk (LAN). Es ist nicht absehbar, dass dieses universelle Datenprotokoll veraltet oder wegfallen wird. Mit IP lassen sich Daten von vernetzten Waschautomaten zur intelligenten Lichtsteuerung oder dem TV-Gerät transportieren, obwohl diese Systeme nichts voneinander wissen. Wofür so etwas? Wenn der Waschvorgang abgeschlossen ist, könnte die Maschine dies auf dem TV-Gerät anzeigen und auch das Licht zwischen Wohnzimmer und Waschkeller einschalten. IP bedeutet allerdings nicht, dass das TV-Gerät weiß, was die transportierten Daten bedeuten, IP ist ausschließlich der Datentransport. Damit sich etwas Sinnvolles ergibt, müssen die Daten noch inhaltlich untersucht und interpretiert werden. Dafür ist das SmartHome-Software-System zuständig.

Ein weiteres Beispiel ist das Zusammenspiel von medizinischen Monitoring Geräten mit dem übrigen SmartHome. Blutdruckmesser, Waagen und Blutzuckermessgeräte gibt es auch in Versionen mit eingebauter Vernetzung z.B. mit einer App oder einem Portal. Gespeichert und übertragen werden Zeitpunkt der Messung und die Messwerte. Diese Werte sind dann in einem Internetportal verfügbar. Bei manchen Portalen lassen sich Regeln hinterlegen. So eine Regel kann lauten, dass wenn eine Messung eintrifft, diese Tatsache (nicht die Werte) per Pushmail an eine bestimmte SmartHome-Zentrale gesendet wird. Dort wertet eine Regel aus, ob bis zu einem bestimmten Zeitpunkt diese Nachricht hereinkommt oder nicht. Also, hat der Bewohner gemessen, oder nicht. Wenn ja, passiert nichts. Wurde nicht gemessen, kann eine Sprachansage oder ein Lichtsignal erfolgen, das an die Messung erinnert. Nur in wenigen Fällen, nur bei Leuten, die unbedingt messen müssen und dies vergessen, ist so eine Maßnahme notwendig. Sie stellt für ein gutes SmartHome System allerdings kein Problem dar.

11.1 Aufgabenbeschreibung - Lastenheft

Die Aufgaben, die Sie an Ihr smartes Heim stellen und Ihre Wünsche sollen exakt beschrieben werden. Schreiben Sie alle ihre Wünsche auf. Bitte verwenden Sie dabei mehr als nur ein Stichwort. Auch andere Leute, beispielsweise der planende Handwerker, sollen Ihre Wünsche nachvollziehen können.

Simples Beispiele: „Wenn es dunkel wird und jemand die Haustür öffnet, soll im Hausflur das Licht für 3 Minuten eingeschaltet werden".

Oder schon komplexer: „Rechts neben der Wohnzimmertür soll ein Taster sein. Wird dieser gedrückt, sollen Fernseher und Soundsystem eigeschaltet werden. Scheint dabei die Sonne durch das Fenster und führt dies zu Blend-Effekten, soll das Rollo an genau dem verursachenden Fenster abgesenkt werden".

Oder auch diese Aufgabe: „Wird innen an der Haustür die Taste >>Letzter Bewohner verlässt das Haus<< gedrückt soll das System prüfen, ob noch Fenster geöffnet sind und das Ergebnis per Sprachausgabe melden. In etwa: >>Badezimmerfenster im 1. Stock ist offen<<."

Bewerten Sie Ihre niedergeschriebenen Wünsche mit
- Sehr wichtig / unverzichtbar
- Wichtig
- Nicht so wichtig, kann auch später noch eingebaut werden
- Schön zu haben, wenn es keine Mehrkosten verursacht

Berücksichtigen Sie die Wünsche aller Familienmitglieder. Kinder haben oft die besten und pragmatischsten Ideen. Sollen auch ältere, gegebenenfalls in der Bewegung eingeschränkte Personen, dort wohnen, so sollen auch sie sich an der „Wahrheitsfindung" beteiligen. Richten Sie ein Gästezimmer ein, überlegen Sie bitte, wer dort Gast sein soll. Eine 96jährige Dame wollen Sie sicher nicht drei Stockwerke über eine steile Treppe unter das Dach schicken.

Mein Freund Prof. Dr. Krödel – er lehrt Gebäudetechnik an der Hochschule Rosenheim – hat den folgenden und wie ich finde sehr hilfreichen Fragebogen entworfen. Beantworten Sie doch bitte die Fragen durch Ankreuzen:

❑ Ich möchte Energie sparen: Das übermäßige Heizen oder Beleuchten soll vermieden werden. Auch soll sich die Heizung bei Abwesenheit oder geöffneten Fenstern automatisch abschalten.

❑ Mit einem „Alles-Aus"-Taster im Eingangsbereich möchte ich bei Abwesenheit zur Sicherheit verschiedene Geräte ausschalten können; auch möchte ich dadurch Stand-By-Verluste vermeiden.

❑ Ich wünsche zusätzliche Sicherheit: Einbrüche sollen weitgehend vermieden bzw. Einbrecher verschreckt werden; Störungen wie Brände oder Rohrbrüche sollen erkannt und alarmiert werden.

❑ Rollläden/Jalousien sollen selbständig fahren, damit ich diese nicht 2 x täglich selber bedienen muss.

- ❑ Bei mehreren Leuchten in einem Raum sollen diese über Lichtszenen bedient werden - so muss ich nicht jede Leuchte einzeln schalten bzw. dimmen.

- ❑ Warum sind Schalter nur an der Wand? Ich hätte sie gerne auch dort, wo ich sie brauche, beispielsweise am Schreibtisch, Couchtisch, Bettkasten, etc.

- ❑ Die Bedienung muss einfach und intuitiv sein. Auch müssen die Funktionen kostengünstig sein insbesondere bei Nachrüstung in Bestandsgebäuden.

Falls Sie etwas nicht angekreuzt haben, weil Sie es vielleicht als nicht so wichtig ansehen, erfahren Sie nun die Konsequenzen:

Ich verzichte auf Unterstützung durch moderne Gebäudetechnik und möchte auch in Zukunft:

- ❑ regelmäßig selber im Haus nachsehen, ob alle Geräte ausgeschaltet sind.
- ❑ nur einmal pro Jahr eine Energieverbrauchsabrechnung erhalten (auch wenn daraus keine Energieverschwender ermittelt werden können)
- ❑ im Urlaub oder bei Abwesenheit in Sorge sein, das eine oder andere Gerät angelassen zu haben.
- ❑ täglich selber alle Rollläden/Jalousien per Gurt rauf- und runterlassen bzw. einzeln bedienen.

- ❏ selbst bei mehreren Leuchten in einem Raum jede Leuchte einzeln schalten oder dimmen.
- ❏ Schäden an Geräten (z.B. Rohrbruch) nicht alarmiert bekommen und somit das Risiko für größere Folgeschäden eingehen.
- ❏ nachts oder im Urlaub regelmäßig besorgt sein, dass eingebrochen werden könnte.
- ❏ jede Nacht Gefahr laufen, einen Brand nicht alarmiert zu bekommen bzw. einen Rauchmelder in einem anderen Raum nicht zu hören.
- ❏ regelmäßig Energie verschwenden, da oft zu falschen Zeiten geheizt/beleuchtet wird und Geräte permanent an sind.

....

Bitte unterschreiben Sie hier und sagen Sie später niemals „Ach hätte ich das gewusst….."

Der QR-Code führt auf die Website von Prof. Krödel bzw. dem IGT-Institut mit vielen weiteren Tipps.

12 Sicherheit

Kommen wir nun konkret zum Themenbereich Sicherheit. Wie eingangs empfohlen haben Sie sich bereits von der Kriminalpolizei kostenlos und sachkundig beraten lassen. Sie werden Ihrem Fensterbauer vorschreiben, so genannte *Pilzköpfe* einzubauen und einigermaßen schlagfestes Glas zu verwenden. Damit ist ein Einbruch zwar möglich aber so erschwert, dass er sehr unwahrscheinlich ist.

Die Polizei empfiehlt einbruchhemmende Elemente mit umlaufendem Sicherheitsbeschlag. Als Verbindungselement zwischen Flügel und Rahmen kommt dem Beschlag eine entscheidende Bedeutung zu, mit dessen Hilfe das Fenster auf- und zugemacht wird. Wer hier in hochwertige Sicherheitstechnik investiert, kann sein Haus vor Einbruchversuchen schützen.

Für Sicherheitstechnik an Fenstern gilt:
- ❏ Abschließbare Fenstergriffe sind nur dann sinnvoll, wenn sie mit einbruchhemmenden Beschlägen kombiniert werden.
- ❏ Jede mechanische Sicherung ist nur so viel wert wie die Qualität und Widerstandsfähigkeit ihrer Befestigung.

Beim Einbau neuer Fenster im Zuge von Neu- oder Umbauten empfiehlt die Polizei grundsätzlich einbruchhemmende Fenster und Fenstertüren nach DIN EN 1627-30. Zu deren Hauptmerkmalen zählen neben einem abschließbaren Fenstergriff mit Anbohrschutz auch verstärkte Rahmenprofile, widerstandsfähige, ausreißfeste Schließstücke sowie ein umlaufender Sicherheitsbeschlag. Zwar war 2017 die Zahl der Einbrüche leicht rückläufig, doch sie lässt sich mit den geeigneten mechanischen grundschutzmaßnahmen und SmartHome weiter senken. Einbrecher denken wirtschaftlich. Wenn der Aufwand und das Risiko gemessen am Ertrag zu hoch werden, sucht man sich andere Betätigungsfelder.

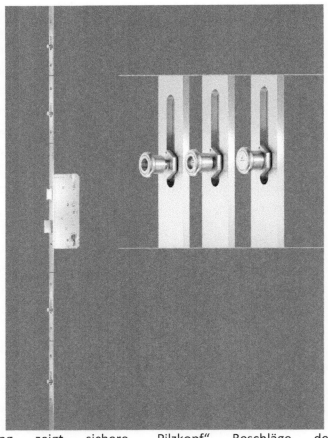

Die Abbildung zeigt sichere „Pilzkopf" Beschläge der Firma Siegenia. (Pressefoto Siegenia)

Die Haustür ist die Visitenkarte Ihres Hauses. Zeigen Sie hier, dass sie auf Sicherheit bedacht sind, so ist das ein Signal für potenzielle Einbrecher, dass man es bei Ihnen nicht so leicht haben wird.

Foto: Pressearchiv der Firma Mobotix

Sie haben sich für eine *digitale Videotürsprechstelle* entschieden. Als gutes Beispiel sei hier die abgebildete T24 von Mobotix genannt. Sie zeichnet sich durch eine 180° Kamera aus. Das bedeutet, selbst wenn sich jemand an die Wand neben die Tür stellt, wird er von der Kamera „gesehen".

Die Tür lässt sich in dieser Ausführung auch per Zahlencode oder *RFID-Transponder* öffnen. RFID-Chips sind nur Reiskorn-groß und können im Schlüsselanhänger, Plastikkarte, Schulranzen, ja sogar unter der Haut versteckt werden. Der RFID-Leser erkennt die Seriennummer des Chips und entscheidet dann durch eine Liste der berechtigten Nummern, welchem Chip die Tür geöffnet wird. Geht ein Chip verloren, wird seine Seriennummer aus der Tabelle einfach ausgetragen.

Bild und Ton (beide Richtungen) lassen sich über das lokale Netzwerk (LAN) im Haus und zum *Smartphone* draußen in der Welt per *In-*

ternet übertragen. So sehen Sie – egal wo Sie sind – wer an der Tür klingelt.

Bildquelle: Danholt

Links sehen Sie die DoorBird Türstation mit Kamera, Mikrofon, Lautsprecher, Bewegungsmelder und Klingelknopf. Sie ist deutlich billiger, als die zuvor gezeigte T24, aber für die allermeisten Einfamilienhäuser sehr gut geeignet. Und nicht zu unterschätzen, sie ist sehr leicht nachrüstbar.

Widmen wir uns noch einmal der *Türöffnung*. Sie sollten wissen, dass Sachversicherer „geschlossene", also zugezogene oder zugeschnappte Türen nicht als „verschlossen" betrachten. Der *Versicherungsschutz* greift dann nicht. Die Tür muss zugeschlossen, verschlossen sein. Nun gibt es Türen, die beim Zuziehen automatisch einen oder mehrere Riegel ausfahren. Damit ist die Versicherung zufrieden. Mit dem einfachen magnetischen Türöffner können Sie eine so verschlossene Tür allerdings nicht öffnen. Die Tür bleibt zu. Sie benötigen eine Türmechanik mit einem Elektromotor, der - wenn er bestromt wird - die Türriegel einfährt. Diese Motoren lassen sich natürlich vom SmartHome System ansteuern. Sie brauchen die Haustür nie mehr abschließen. Zuziehen bedeutet wirklich verschlossen. Öffnen über die Steuerung; per *Handy, RFID, Fingerabdruckleser, Iris-Erkennung* oder was auch immer.

Zu empfehlen ist u.a. das Türöffner-System *SmartOpen*. Es ist in der Lage, neben normalen RFID-Chips, auch die in der Wegfahrsperre von Autoschlüsseln zu lernen. Ihr Autoschlüssel öffnet Ihnen also auch die Haustür.

Das Bild zeigt das Lesegerät zum Wandeinbau neben der Tür. Rechts der Aktor als Verbindungsglied zwischen dem Gebäudesystem, Lesegerät und Türantrieb. Unten ein typischer Autoschlüssel mit RFID-Chip. (Alles maßstabsgerecht abgebildet).

Bei aller Elektronik und Automatik, überlegen Sie bitte, ob sich zumindest eine Tür auch noch zusätzlich mit einem mechanischen Schlüssel öffnen lassen sollte. Die Mehrkosten sind sehr gering

Foto: Pressearchiv der Firma TeraTron

und sie haben die Gewissheit, auch bei Stromausfall noch ins Haus zu kommen. Allerdings ist ein mechanisches Schloss eine Sicherheitslücke und mit moderner Einbruchstechnik (z.B. Rüttler) zu öffnen. Sie müssen sich also zwischen Teufel und Beelzebub entscheiden.

12.2 IP-Security-Kamera

Security-Kameras sind unser nächstes Thema. Sie schaffen ein sicheres Gefühl durch *Abschreckung*. Potentielle Einbrecher suchen sich lieber nichtüberwachte Objekte. Dazu müssen die Kameras allerdings sichtbar sein. Sie sollten Durchaus mit ihren LEDs blinken. Also beim Konfigurieren dies bitte nicht abschalten. Der zweite Nutzen ist die Dokumentation des Geschehens. Durch die aufgezeichneten Bilder und Videos lässt sich nachvollziehen, wer wann auf dem Grundstück war und was er dort getan hat. Post zugestellt? Müll abgeladen? Auto zerkratzt? Über den Zaun in den Garten gestiegen? Wohin verschwinden die Fische aus dem Gartenteich? Ist es ein Reiher oder Nachbars Katze? Alles wird dokumentiert. Sollte einmal eingebrochen werden, helfen die Bilder und Videos der Polizei. Häufig kennt man bei der Polizei seine „Pappenheimer". Selbst bei vollvermummten Gestalten zeigen sich typische Bewegungsabläufe, die charakteristisch für bestimmte Täter sind. Bei einem eingereisten Einbrecher-Rollkommando ist die Beweisführung oft schwierig. Die Täter maskieren sich nicht einmal, sie sind ja nach wenigen Tagen wieder weg. Doch auch dann sind die Videos wichtig, um genau dies festzustellen.

Entscheidend für verwertbare Aufzeichnungen ist die *Montage der Kamera*. Sie soll hoch genug hängen, damit man sie nicht einfach zerstören oder mit Farbspray erblinden lassen kann. Sie sollte aber auch tief genug hängen, damit man die Gesichter erkennt und nicht nur die Köpfe von oben sieht, wie bei der Sicht aus einem Hubschrauber. Die Kabel bitte so kurz wie möglich halten oder wenn möglich in der Kamerahalterung führen. Vermeiden Sie Wireless LAN (WLAN/Wi-Fi) Kameras. WiFi lässt sich mit im Internet bestellbaren Störsendern so sehr stören, dass eine Bildübertragung nicht mehr möglich ist. Nutzen Sie LAN-Kabel oder ersatzweise die Datenübertragung per Stromkabel (Powerline-Communication). Eine empfehlenswerte Lösung nennt sich PoE, Power over Ethernet. Das bedeutet, dass die Stromversorgung der Kamera über das Netzwerkkabel erfolgt. Es muss also nur 1 Kabel verlegt werden. Prüfen Sie deshalb beim Kauf einer Kamera, ob sie PoE unterstützt.

Grundsätzlich haben Sie also zwei Möglichkeiten, Ihre Kamera mit nur einem Kabel zu versorgen:

❏ *Lokales Netzwerk* (LAN) mit Kategorie 5e oder besser gleich Kategorie 7 Kabel und *Power over Ethernet* (PoE). Bei diesem Verfahren wird die Kamera über das LAN-Kabel mit Strom versorgt. Dazu muss die Kamera allerdings PoE-tauglich sein.

❏ Stromversorgung mit 230 Volt und Datenübertragung per Powerline Communication. Bekannte Hersteller von *Powerline-Adaptern* sind Devolo, ALLNET, TP-Link und AVM.

Foto: Pressearchiv der Firma Panasonic

Beachten Sie bei Außenkameras den *Blitzschutz*. Wenn auch nur ein kleiner Blitz in ein Datenkabel (außen am Haus oder im Garten) fährt, ist Ihre gesamte Rechner-, Server-, Smart-TV-, Router-Landschaft ziemlich sicher Schrott. Blitzschutzeinrichtungen für Datenleitung und Telefon kosten dagegen weniger als 20,00 Euro.

Ziemlich sinnlos ist es, die Bilder nur auf einer *Speicherkarte* in der Kamera zu speichern. Im Zweifel wird die Kamera zerstört. Dann sind die Daten weg. Auch wenn die Videos nur auf dem *PC im Haus* gespeichert werden, besteht die Gefahr, dass Sie verschwinden, dann nämlich, wenn die Einbrecher den PC mitnehmen. Es gibt zwei Lösungsmöglichkeiten: Sie können einen so genannter NAS (*Network Attached Storage*) verwenden. Das ist eine Festplatte, die über das lokale Netzwerk mit den anderen Rechnern und natürlich auch dem Gebäudesystem kommuniziert. Dieser NAS kann irgendwo im Haus sein, auch im Keller oder auf dem Dachboden. Er benötigt nur Strom und einen Netzwerkzugang (LAN). Sie können den NAS also im Gebäude „verstecken". Auf der Festplatte des NAS legen Sie die Verzeichnisse für die Videos und Bilder an. Und hierauf schreiben die Kameras.

Die andere Möglichkeit bietet das Internet. Die Funktion des NAS kann auch ein *Cloud-Speicher* irgendwo im Internet übernehmen. Ob Sie die Telekom-Cloud, die von Microsoft, Google oder Dropbox verwenden, spielt keine Rolle. Ihre Kameras schreiben die Daten dorthin, solange sie Internetzugang haben. Ist das Internet gekappt, geht das allerdings nicht mehr. Eine Lösung „mit Gürtel und Hosenträger" ist die Kombination beider Verfahren. Grundsätzlich werden die Videos auf einen NAS im Haus geschrieben und jede Stunde erfolgt ein Back-up auf den Speicher im Internet. Das alles will programmiert werden. Sie erinnern sich, dass ich eingangs angemerkt habe, dass der Elektroinstallateur ein komplettes SmartHome nicht einrichten kann. Die Netzwerkkonfiguration ist einer der Gründe. Dies ist auch der Grund, warum ich eher für einen auf MS-Windows basierenden Homeserver setze, als auf ein Linux-System. Die meisten Menschen kennen sich mit Windows halt viel besser aus und können so vieles selbst erledigen. Linux setzt da doch mehr informationstechnisches Know-how voraus.

Einige Anmerkungen zur *Qualität der Kameras*. Für eine gute Erkennung der Personen ist eine hohe Auflösung und eine möglichst schnelle Bildfolge erforderlich. So genannte *Megapixel-Kameras oder HD-Kameras* sollten es heute schon sein. Die Spitze der Technik bilden derzeit so genannte 4k-Kameras, also die vierfache HD-Auflösung. Wichtig ist auch die Lichtempfindlichkeit in der Dämmerung. In dunkler Nacht ist natürlich Schluss mit Videos drehen. Wird allerdings – beispielsweise durch einen *Bewegungsmelder* – ein Scheinwerfer eingeschaltet, können die Kameras wieder prima aufnehmen. Es gibt natürlich auch Infrarot-Kameras und die dazu passenden Scheinwerfer. Und es gibt Kameras mit eingebauten *Infrarot-Leuchtdioden*. vergessen Sie diese Geräte. Sie wollen ja nicht heimlich mit „unsichtbarem Licht" Eindringlinge aufnehmen, Sie wollen sie verscheuchen. Da ist weißes Licht die beste Lösung. Die Reichweite von in die Kamera eingebauten Infrarot-LEDs beträgt meist nur wenige Meter. Für unsere Zwecke sind sie also ungeeignet.

Häufig wird geglaubt, man könnte Kameras auch als Bewegungsmelder verwenden. In der Theorie ist das richtig. Ändert sich der Bildinhalt, weil jemand durchs Bild geht, liegt eine Bewegung vor. Aber auch sich bewegende Büsche, Regen, Lichtreflexe, etc. stellen Bildinhaltsveränderungen dar. Im Außenbereich sind Kameras als Bewegungsmelder nicht einsetzbar. Ständig ziehen Wolken, spiegeln Glasscheiben und bewegen sich Blätter. vergessen Sie die Idee. Sie führt zu unendlich vielen Fehlalarmen.

Ich möchte anhand der folgenden IP-Kamera ein paar Dinge erläutern. Dies ist eine wetterfeste Außenkamera zum Preis von weniger als 70 Euro. Durch den mit IP66 klassifizierten Schutz widersteht diese Kamera quasi jedem Wetter und sendet Bilder und Videos auch bei Regen, Schnee und schlechtem Wetter. Sie hat eine volle (1080) HD-

Foto: Amazon.com

TV-Auflösung und kann per PoE mit Strom versorgt werden. Sie verfügt sogar über eine einstellbare Brennweite von Weitwinkel bis Tele, lässt sich also prima an die Grundstücksgegebenheiten anpassen. Zusätzlich hat sie Infrarot Leuchtdioden für Nachtsicht für 40 Meter laut Datenblatt. So weit so toll. Ich habe diese Kamera bei mir im Einsatz und bin soweit ganz zufrieden, nachdem ich sehr viel Zeit investiert habe, sie in meinem SmartHome System einzubetten, denn hier kommt der Knackpunkt: In der Beschreibung im Internet steht unter dem Abschnitt „Der Fernzugriff über das Smartphone" folgendes:

Laden Sie die kostenlose APP „P2PWIFICAM" von Google Play oder aus dem App Store. Folgen Sie der beiliegenden Anleitung, und Sie können die Kamera in wenigen Minuten hinzufügen. Video Komprimierung: H.264 Hauptprofil, AVI Format Unterstützung RTSP Kompatibel mit AVI Media Player.

Das ist alles richtig und funktioniert auch so, aber was bedeutet das? Die Kamera wird per Netzwerkkabel an Ihren Router, beispielsweise die FritzBox angeschlossen. Sie sucht und findet ihren Weg aus Ihrem Haus über den Router zum Server in der Cloud des Herstellers in China und verbindet sich dort mit ihm. Die Kamera identifiziert sich dort mit ihrer ID-Nummer, der so genannten MAC-Adresse. Nun laden Sie die App P2PWIFICAM auf Ihr Smartphone und legen ein Konto an, das Sie identifiziert. Nun sucht die App in Ihrem Netzwerk nach passenden Kameras über die MAC-Adresse. Sie bestätigen die gefundene Kamera und haben augenblicklich ein Bild. Und Sie sind begeistert, wie einfach das war. Wenn Sie nun außerhalb Ihres Netzwerkes sind, haben sie mit der App auch ein Bild. Allerdings wählen Sie sich nicht in Ihr Netzwerk ein, sondern in das Netzwerk des chinesischen Herstellers. Dort wird Ihnen das Bild zur Verfügung gestellt. Dank Internet geht das alles wahnsinnig schnell.

Was Sie nicht wissen ist

1. Welche Informationen überträgt die Kamera aus Ihrem Netzwerk nach China. Ihr stehen alle Informationen aus dem Netz zur Verfügung und Sie haben keine Kontrolle.
2. Was passiert in China mit Ihren Videos und Bildern?

Wenn Ihnen das egal ist und Sie den niedrigen Preis genießen, es ist Ihr Recht, eine solche Kamera einzusetzen. Sie sollten aber die Hintergründe kennen.

Ein weiteres Problem ist die Integration in SmartHome Systeme. Sie möchten vermutlich nur eine App auf dem Smartphone für alles und nicht für jedes Teil eine andere. Diese Art Kamera lässt sich nicht so einfach einbinden. Leider stimmen auch einige Angaben im Handbuch nicht mit der gelieferten Hardware überein. Da braucht man schon eine Menge Sachverstand und Geduld. Glücklicherweise unterstützt die Software eines der wichtigsten NAS-Hersteller (Synology) diese Kamera.

Achten Sie bei der Montage und Einrichtung der Kameras auch auf den Schutz der Privatsphäre Ihrer Mitmenschen. Sie dürfen per Gesetz nicht den öffentlichen Raum, beispielsweise die Straße aufnehmen. Ist eine Straße im Hintergrund zu sehen, dürfen Gesichter und Autokennzeichen nicht zu erkennen sein. Sprechen Sie mit Ihren Nachbarn. Manche sind ganz froh, wenn Ihre Kamera auch beim Nachbarn für Sicherheit sorgt. Aber nur mit Einverständnis.

Kennzeichnen Sie Ihr Grundstück mit einem Hinweisschild *„Dieser Bereich wird Video-Überwacht"*. Ihr Postzusteller besucht Sie trotzdem noch, er kennt es inzwischen nicht mehr anders.

12.3 Fenster

Kommen wir zur smarten Absicherung der Fenster. Neben den notwendigen mechanischen Maßnahmen (Pilzkopf-Beschläge) ist es sinnvoll, den jeweiligen Zustand des Fensters – nämlich geschlossen, auf kipp oder offen – abfragen zu können. Die SmartHome-Technik bietet grundsätzlich zwei Arten von Sensoren an. Zum einen sind dies Sensoren, die signalisieren, ob Rahmen und Flügel zusammen sind (geschlossen), oder getrennt (offen). Den Zustand „auf kipp" erfassen sie nicht. Das ist meistens aber auch nicht relevant. Diese Sensoren werden vom Fensterbauer in den Fensterrahmen eingebaut. Es gibt aber auch Aufbausensoren, die nachträglich auf den Rahmen geklebt werden. Alle SmartHome-Anbieter bieten solche Sensoren an, ob EnOcean, ZigBee, Z-Wave, innogy, Bosch, Rademacher, Schellenberg, devolo oder EQ3.

Einbausensoren gibt es mit Kabel, das zu einem zentralen Punkt verlegt werden muss, oder per Funk, beispielsweise wie hier gezeigt von Eltako mit der batterielosen EnOcean-Technologie.

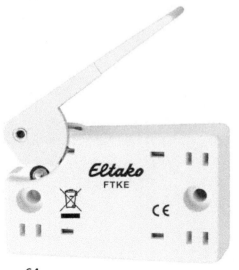

Abbildung mit freundlicher Genehmigung der Firma Eltako.

Die Alternative dazu sind „intelligente" Fenstergriffe. Diese Griffe funken bei jeder Veränderung ihren neuen Zustand an das Gebäudesteuerungssystem. Wird also ein Fenster vom Zustand „geschlossen" auf „kipp" gestellt, sendet der Fenstergriff ein Telegramm mit dem neuen Zustand. Die bekanntesten Hersteller sind Hoppe und Schellenberg. Der Hoppe-Griff (EnOcean-Technologie) benötigt keine Batterien. Der Schellenberg-Griff benötigt Batterien, liefert allerdings viel mehr Informationen. Besonders interessant sind die eingebauten Sensoren für Erschütterung, sie signalisieren bereits einen Einbruchsversuch.

Links Magnetkontakt, oben funkender Fenstergriff von Schellenberg.

Abbildungen mit freundlicher Genehmigung der Firmen Eltako und Schellenberg.

Rauchmelder sind in fast allen Bundesländern vorgeschrieben. Rauchwarnmelder retten Leben. Normale Melder machen einen ohrenbetäubenden Lärm, wenn sie „dicke Luft" erkennen, also Schwebstoffe in einer hohen Konzentration in der Luft, wie sie typisch für einen Brand sind. Sie sollten sich mit diesem Minimal-Standard allerdings nicht zufrieden geben. In Ihrem SmartHome haben Sie sicherlich elektrische Rollläden, die nachts selbstverständlich heruntergefahren sind, weil Sie Heizkosten sparen, neugierige Blicke verhindern und Einbrechern das Leben schwer machen wollen.

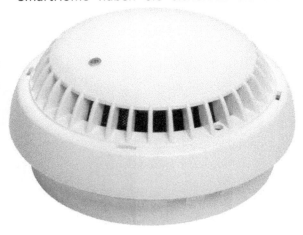

Abbildung mit freundlicher Genehmigung der Firma Eltako

Nun ist eine ganz häufige Folge von Feuer, dass der Strom ausfällt. Wenn Sie also durch den Rauchmelder aus dem Schlaf gerissen werden, haben Sie nur wenige Minuten Zeit, die Feuerwehr anzurufen, Ihre Kinder zu finden – die haben sich bei dem schrecklichen Lärm vermutlich versteckt - sich anzuziehen und das Haus zu verlassen. Peng! Kurz zuvor wurde es dunkel, der Strom ist weg. Wie wollen Sie sich jetzt orientieren und wo bitte geht es vom Schlaf- oder Kinderzimmer nach draußen auf den Balkon? Wie bekommt man jetzt das Rollo hoch? Wie macht man Helfer draußen auf sich aufmerksam?

Die Lösung ist: Das SmartHome hat per Regel die Aufgabe, sofort bei Branderkennung alle Rollos hochzuziehen und überall, auch draußen, das Licht einzuschalten. Fluchtwege und Orientierung schaffen, darauf kommt es jetzt an. Sie brauchen also Rauchwarnmelder, die sich in Ihre SmartHome Installation einfügen. Zum Glück gibt es die für jedes System, ob EnOcean, Z-Wave, ZigBee, KNX, innogy und andere.

Eine Anmerkung zu den Kosten:
Einfache Rauchmelder mit allen Prüfkennzeichen gibt es beim Discounter schon für weniger als 10 Euro.
Vernetzte Rauchmelder wie wir sie einsetzen sollten, kosten zwischen 50 und 100 Euro.
Zwei bis drei dieser Lebensretter sollten Sie im Einfamilienhaus installieren.

12.5 VdS – was ist das?

VdS steht für Verband der Sachversicherer. Rauchwarnmelder sind in der Regel vom VdS zertifiziert. Die Versicherungswirtschaft hat ein natürliches Interesse daran, möglichst wenig für Schäden zu zahlen, deshalb sorgt sie dafür, dass Warngeräte und Alarmanlagen auch etwas taugen. Deshalb sollen nicht nur Rauchmelder, sondern müssen auch Alarmanlagen zertifiziert worden sein, bevor sie in den Handel kommen. Haben Sie nämlich einen Rembrandt im Kaminzimmer, Goldbarren im Keller oder es wurde bei Ihnen zu häufig eingebrochen, macht Ihre Versicherung die Installation einer Alarmanlage zur Auflage. Da helfen SmartHome Sensoren aus der Gebäudetechnik wenig. Dann müssen Sie einen zertifizierten Fachbetrieb beauftragen, eine zertifizierte Alarmanlage zu installieren. Die Alarm-Sensoren müssen nicht besser sein, als die schon installierten SmartHome-Sensoren, es geht nur um das Zertifikat. Sonst haben Sie keinen Versicherungsschutz. Die Alarmzentrale in Ihrem Haus schaltet bei erkanntem Einbruch eine Sirene, ein rotes Rundumlicht und kann über ein Wählgerät einen Sicherheitsdienstleister anrufen, nicht die Polizei. Das können Sie nur selbst oder der Dienstleister, nachdem er sich vergewissert hat, dass der Alarm kein Fehlalarm ist.

Es gibt Möglichkeiten, SmartHome und VdS-Alarmanlage sinnvoll zu verbinden. Besprechen das bitte mit Ihrem SmartHome-Systemintegrator.

Weitere Info: https://vds.de/

12.6 Öffnen Einbrecher SmartHomes mit dem Smartphone?

Nein, zum Glück ist das völlig Abwegig. Aber die Medien berichten doch darüber? In der Tat gibt es keinen einzigen echten Fall, in dem das geschehen ist. In den TV-Berichten mit Hackern wurden Situationen dargestellt, in denen die vorhandenen Sicherheitseinrichtungen nicht verwendet wurden. Oder es wurde als Nutzer „admin" und als Passwort ebenfalls „admin" eingetragen. Solche Fälle mag es auch in der Realität geben, es gibt aber auch Fälle, bei denen die Leute den Hausschlüssel von außen stecken lassen. Einbrecher spähen ihre Tatorte nicht elektronisch aus, dazu sind sie nicht in der Lage. Sie klingeln an der Tür. Macht niemand auf, ist niemand da und man kann einbrechen. Oder der Einbrecher sieht in der Vorabendzeit, dass – obwohl es schon dunkel ist – die Rollläden hoch sind und das Licht ausgeschaltet ist. Um den reißerischen Berichten ein paar Fakten entgegenzusetzten, hat die SmartHome Initiative Deutschland im Jahre 2017 zusammen mit Sicherheitsexperten anlässlich einer Smart Home Sicherheitskonferenz in Bad Soden die sogenannte Bad Sodener Erklärung veröffentlicht. Ich veröffentliche diese Erklärung hier im Wortlaut, weil ich sie selbst mitformuliert habe und sie mit den vielen Halb- un Unwahrheiten aufräumt.

Bad Sodener Erklärung zu Sicherheit im SmartHome und durch SmartHome Techniken

Bad Soden am Taunus, 10. Oktober 2017 | Technische Assistenzsysteme, so genannte SmartHome Technik, finden zunehmend Einsatz in Wohnungen und Häusern. Im Kraftfahrzeug sind solche Systeme längst Standard geworden zur Verbesserung des Komforts, der Sicherheit und zur Reduzierung des Energieverbrauchs. Im Wohnbereich gelten die gleichen Gründe für die Installation von smarter Technik: Energieverbrauch senken, Komfort – besonders für ältere

Menschen – erhöhen und Sicherheit verbessern. Das Thema Sicherheit im SmartHome wird gegenwärtig kontrovers diskutiert. Einerseits kann SmartHome zur Vorbeugung gegen Einbruch beitragen und Feuer oder Überflutung frühzeitig erkennen und melden, andererseits steht die smarte Technik im Verdacht, Bewohner auszuspähen und sogar zu ermöglichen, dass Einbrecher per Internet Wohnungen öffnen. Im Oktober 2017 wurden während der SmartHome Security Conference in Bad Soden wichtige Aspekte zwischen Experten von Industrie, Verbänden, Behörden, Versicherungswirtschaft und zertifizierenden Instituten diskutiert und die folgenden Statements herausgearbeitet. Diese sollen Bürgern, Medien, Politik und Verwaltung die Fakten aufzeigen und Hinweise für künftige Entscheidungen geben.

Zusammenfassung

- Smarte Häuser und Wohnungen sind – wenn SmartHome Produkte fachgerecht installiert wurden- grundsätzlich sicherer als konventionelle. SmartHome ist dabei eine wertvolle Ergänzung zu mechanischer Sicherungstechnik
- Fälle von Einbrüchen „per Handy" sind bisher nicht bekannt.
- Bei Angriffen auf Smart Home bzw. IoT-Produkte steht aktuell nicht das Eigenheim im Fokus. Stattdessen wird versucht, Geräte und Dienste für andere kriminelle Zwecke zu missbrauchen.
- Der Einsatz von SmartHome-Technik kann vor Sach- und Personenschäden schützen und potentielle Einbrecher abschrecken
- SmartHome braucht nicht zwingend das Internet
- Sichere Router sind eine Grundvoraussetzung für SmartHome mit Internetzugang

- Cloud-Only-Lösungen sind potentiell gefährdet, da sie im Gegensatz zu rein lokalen Lösungen einen zusätzlichen Angriffsvektor bieten und sind gefährlich, da sie nicht über Notlaufeigenschaften verfügen.
- Bestimmte Cloud-Dienste sind gut geeignet, eine sichere Kommunikation zwischen SmartHome Systemen, Bewohnern und Dienstleistern zu gewährleisten.

SmartHome und Einbruch

Es wird behauptet, dass SmartHome-Technik den Einbruch in Wohnungen und Häuser vereinfacht. Einbrecher würden statt Brecheisen das Smartphone verwenden, um Türen spurlos zu öffnen.

In Deutschland ist bisher kein einziger Fall bekannt, bei dem Einbrecher sich smarter Technik bedient hätten, um sich so Zugang zu Wohnungen und Häusern zu verschaffen. Es lassen sich jedoch elektronisch betätigte Türen falsch konfigurieren mit der Folge, dass sich bei Kenntnis dieses Sachverhalts Türen aus der Ferne öffnen lassen. Eine ordnungsgemäße, fachgerechte Installation qualitativ hochwertiger Produkte verhindert dies jedoch zuverlässig.

SmartHome Systeme verfügen meist über eine so genannte Anwesenheitssimulation. Das heißt, das System spielt einem äußeren Betrachter beispielsweise durch Rollläden und Licht ein bewohntes Haus vor. Einbrecher suchen vorzugsweise Häuser, bei denen eine Anwesenheit von Bewohnern nicht festzustellen ist.

Kameras, die sichtbar am Gebäude montiert sind, können potentielle Einbrecher abschrecken. Ist ein Einbruch erfolgt, können vorhandene

Kameras durch Videodokumentation, der Polizei helfen, die Täter zu identifizieren.

Eine weitere Schutzmaßnahme sind Sensoren an Türen und Fenstern. Es gibt Sensoren, die das Öffnen von Fenstern oder auch schon das Hantieren an den Fenstern erkennen und melden. Ein smartes Haus kann sich dadurch wehren, dass es beispielsweise die Rollläden herunterfährt, Licht einschaltet, Lärm erzeugt und den Einbruchsversuch per Telekommunikation meldet.

Die herkömmlichen Brand- und Einbruchmeldeanlagen, zertifiziert nach DIN, EN oder VdS, werden vielfach gesetzlich oder vom Versicherer gefordert. Bei Smart Home-Produkten ist der Wunsch des Privatanwenders nach Schutz und Komfort die Triebfeder. Sie bieten dann eine Alternative, wenn vom Versicherer keine Maßnahmen gefordert werden und dennoch ein gewisser Schutz erreicht werden soll.

Sollen IoT- / Smart Home-Geräte auch sicherheitstechnische Funktionen übernehmen (z.B. Einbruchmeldung, Brandmeldung), müssen die Geräte daher den geltenden Normen entsprechen und entsprechend zertifiziert und geprüft sein. Andernfalls sind deutlich die Unterschiede zu benennen, damit sich Käufer ein objektives Bild von den Eigenschaften und der Leistungsfähigkeit der Produkte im Vergleich zu entsprechenden, zertifizierten und geprüften Produkten machen können. Orientierung für Endverbraucher bieten hier Tests und Zertifizierungen unabhängiger Testinstitute. Der Einbau soll Fachbetrieben vorbehalten sein. Do-it-yourself ist nicht empfehlenswert, damit die hohe Produktqualität nicht durch falschen Einbau konterkariert wird.
SmartHome und Schutz vor Sach- und Personenschäden

72

Einige SmartHome Systeme sind dank spezieller Sensoren in der Lage, bestimmte Gefahrensituationen bereits in der Entstehung zu erkennen und zu melden. Dazu gehören Brandmelder (Heimrauchmelder), Wasserleckage-, Überflutungs-, Gasleckage-, CO- und CO2-Melder. Solche Sensoren melden Abweichungen vom Normalzustand an das verbundene SmartHome-System und dieses alarmiert durch Geräusch, Sprachansagen oder per Telekommunikation. Für kritische Gefahren sollte die Aufschaltung auf eine zertifizierte Notruf- und Service-Leitstelle auf Grundlage der entsprechenden Normen favorisiert werden.

Gleichzeitig lassen sich Gas- oder Wasser-Leitungen zusperren. Ein SmartHome System kann allerdings auch Fluchtwege eröffnen und Orientierung geben, beispielsweise durch das Hochfahren von Rollläden und das Einschalten von Beleuchtung. SmartHome Technik kann so dabei helfen, Schäden frühzeitig zu erkennen, zu begrenzen und Leben zu retten. Eine Gefahr für die Bewohner geht von dieser Technik nicht aus. Allerdings könnten minderwertige oder falsch installierte Systeme massenhaft Fehlalarme auszulösen und anfällig für Cyberangriffe sein.

SmartHome und das Internet

SmartHome und Internet sind nicht zwingend voneinander abhängig. Ein SmartHome funktioniert grundsätzlich auch ohne das Internet. Das Internet ist nur dann notwendig, wenn Meldungen an Empfänger außerhalb des SmartHomes gesandt werden, oder Anweisungen von außerhalb durch das SmartHome empfangen werden sollen. In der Regel wird man auf diese Fernbedienbarkeit nicht verzichten wollen. Dazu muss das SmartHome System mit dem Netzwerk (LAN) in Haus oder Wohnung verbunden werden. Das Bindeglied zwischen dem

Netzwerk im Haus und dem Internet ist der Router. Diesen gilt es, so zu konfigurieren, dass das häusliche Netzwerk sicher gegen Eindringversuche aus dem Internet ist. Dies gilt unabhängig von der SmartHome-Installation. In aller Regel werden Router durch die Bewohner selbst installiert, die nicht über das notwendige Fachwissen verfügen, eine sichere Konfiguration herzustellen. Wir begrüßen deshalb ausdrücklich die Initiative „Router-TR" des Bundesamtes für Sicherheit in der Informationstechnik (BSI). Hier entsteht zusammen mit der Industrie und den Verbänden eine Technische Richtlinie (TR) die den Auslieferzustand von Consumer-Routern festlegt. Demnach werden Router werksseitig entsprechend sicher ausgeliefert. Nutzer müssen zwar bestimmte Eingaben vornehmen, sicherheitsrelevante Einstellungen können allerdings nur bewusst verändert werden. Auch das wichtige Thema der sicherheitsrelevanten Updates wird in der TR geregelt. Somit kann künftig davon ausgegangen werden, dass die empfindliche Schnittstelle zwischen dem privaten Netzwerk zu Hause und dem öffentlichen Internet weitgehend sicher ist und sicher gehalten wird.

Zusätzlich gilt es, auch andere Geräte, etwa mobile Endgeräte, PCs und andere Geräte, die eine Verbindung mit dem Internet, dem Heimnetzwerk sowie Smart Home-Geräte herstellen, entsprechend abzusichern.

Käufer müssen die Möglichkeit haben, die Netzwerkfunktionen von IoT- und Smart Home-Geräten jederzeit mit einfachen Mitteln zu deaktivieren. Geräte, die grundsätzlich ohne die Netzwerkfunktionalität nutzbar sind, müssen auch ohne diese in einem „Stand-Alone-Mode" weiter ihren Dienst verrichten (Beispiele: Kühlschrank, Waschmaschine, Kaffeevollautomat).

SmartHome und Cybercrime

Die Internetkriminalität macht auch vor dem SmartHome nicht halt. Zwar spielt sie hier bisher eine untergeordnete Rolle, dies könnte sich jedoch ändern. Denkbar wäre das Eindringen in das SmartHome System, die Verschlüsselung des Systems und Entschlüsselung gegen die Zahlung eines Lösegeldes. Mit einem sicher konfigurierten Router und regelmäßigen Sicherheitsupdates wird die Wahrscheinlichkeit hierfür verringert. Sollte die Übernahme eines SmartHome Systems dennoch gelingen, ließe sich das gekaperte System leicht wiederherstellen.

Gefährlicher wäre die heimliche Übernahme und die potentielle Nutzung von tausenden von Systemen (Botnet) für Denial of Service Attacken beispielsweise gegen Industrie- und Regierungs-Netzwerke. Dies ist verschiedentlich bei primitiven SmartHome Geräten (Internet of Things) wie vernetzten Haushaltsgeräten gelungen. Die Fehler sind bekannt und müssen durch die Hersteller abgestellt werden. Unsichere Geräte dürfen nicht in Verkehr gebracht werden. Hersteller müssen ihre IoT- und Smart Home-Geräte Penetrationstests unterziehen. Die Ergebnisse dieser Tests sind durch die Hersteller in aggregierter Form zu veröffentlichen. Darum unterstützt und empfiehlt die SmartHome Initiative bereits im Markt bewährte Sicherheitszertifikate unabhängiger Testinstitute wie die des VdS, des TÜV Rheinland oder des AV-TEST Institutes.

Sicherheitsupdates müssen automatisch auf die Geräte erfolgen. Das heißt, vernetzbare Geräte müssen über das Netzwerk updatebar sein. Weiterhin muss es eine einfache Möglichkeit geben, dem Hersteller erkannte Sicherheitslücken zu melden. Gleichzeitig verpflichten sich die Hersteller, den Verbraucher unverzüglich und umfassend über erkannte Sicherheitslücken zu informieren und ggf. geeignete Rückrufprozesse einzurichten. Sie müssen angemessene und wirksame Maßnahmen zum Notfallmanagement treffen und vorhalten.

Alarmierung und Back-Up per Cloud-Dienst

Entdeckt ein SmartHome System eine Unregelmäßigkeit, beispielsweise den Ausfall der Tiefkühltruhe, der Heizung oder einen Einbruchsversuch, soll es die Bewohner bzw. Eigentümer oder einen Dienstleister unverzüglich, nachvollziehbar und sicher informieren. Als technisch gut geeigneten Weg haben sich bestimmte gesicherte Cloud-Dienste herausgestellt. Sie bieten Ende zu Ende Verschlüsslung und garantieren die Zustellung der Nachrichten sogar bei stumm-geschaltetem Smartphone innerhalb weniger Sekunden. Klassische Medien wie SMS und E-Mail können dies alles nicht bieten und sind für die Alarmierung deshalb nicht zu empfehlen.

Speichert ein SmartHome System Daten und Regeln, so sollen diese regelmäßig und automatisch gesichert werden, um bei Ausfall der Hardware schnell und fehlerfrei ein Recovery durchführen zu können. Dazu empfiehlt sich, die notwendigen Daten individuell verschlüsselt auf einen gesicherten Cloudserver auszulagern.

Support und Supportzeitraum

Hersteller und beauftragte Betreiber verpflichten sich, die IoT- und SmartHome-Produkte für einen Mindestzeitraum mit sicherheitsrelevanten Updates zu bedienen. In diesem Zusammenhang wird selbstverständlich erwartet, dass sämtliche sonstigen Hersteller- und Betreiberpflichten (u. a. nach dem Produktsicherheitsgesetz, den gesetzlichen nationalen Datenschutzanforderungen, dem Produkthaftungsgesetz etc.) erfüllt werden. Der Mindestzeitraum für den Support von IoT-Geräten sollte sich nach der durchschnittlichen Nutzungsdauer der

Geräte richten. Hersteller und beauftragte Betreiber verpflichten sich, ihre Produkte in diesem Zeitraum zu beobachten und bekannte Sicherheitslücken umgehend zu schließen. Bei SmartHome-Produkten, die fest mit dem Gebäude verbunden werden (z.B. IP-fähige Kameras und Gegensprechanlagen) sollte der Support für mindestens 10 Jahre gewährleistet sein. Für den Nutzer muss erkenntlich sein, wie lange ein Gerät vom Hersteller mit Updates versorgt oder Support bereitgestellt wird. Hier wird empfohlen, die Geräte und den Verkaufskarton mit einem Aufdruck zu versehen.

13 Energie

Bei Energie denken wir meist zuerst an elektrischen Strom und Licht. Die Verteilung des Energieverbrauchs im Normalhaushalt zeigt uns jedoch, dass die *Heizung die Nummer 1 beim Verbrauch* ist. Siehe die Grafik auf Seite 34. Bei der Heizung zu optimieren macht richtig Sinn, beim Licht zu sparen ist in Ordnung – wir sollten sparen, wo immer es geht – es führt nur nicht zu einer spürbaren Entlastung des Energiebudgets im Haushalt.

Die Auswahl des Heizungssystems hängt von sehr vielen Faktoren ab und ist deshalb schwierig. Hier nur ein paar Anmerkungen für Ihr Gespräch mit dem Architekten und Heizungshandwerker:

❏ Ein hoch gedämmtes Haus ist Luftdicht. Der KFW-Test „Blower-Door-Test" prüft dies. Sie sollten deshalb ein automatisiertes Lüftungssystem einsetzen. Heizung und Lüftung müssen zusammen passen. Die Lüftung soll mit einer Wärmerückgewinnung ausgestattet sein, sonst lüften Sie die teuer erzeugte Wärme zum Fenster raus.

❏ In der Regel lohnt es, die Heizung durch Solarthermie zu unterstützen. Hierbei wird das Wasser der Heizung direkt von der Sonne erhitzt, ohne den Umweg über Strom. Im Sommer dient die Solarthermie dazu, das Duschwasser umweltfreundlich zu erhitzen.

❏ Können Sie Photovoltaik (PV) einsetzen, sind Sie gehalten den erzeugten Strom möglichst selbst zu nutzen. Dann wird sich vermutlich eine *Wärmepumpenheizung* rechnen. Welche Wärmepumpen-Technologie zum Einsatz kommt, entscheidet die Lage Ihres Grundstücks. Beispielsweise Grundwasser, Sole oder auch Luft. Auch wenn Sie auf einen konventionellen Gas-

Heizkessel setzen, per PV lässt sich immer noch das Brauchwasser zum Waschen und Duschen erwärmen. Das macht besonders dann sinn, wenn die PV-Anlage mehr Strom erzeugt, als gerade vom Haushalt abgenommen wird.

❑ Bei vielen Neubaugebieten wird heute der Anschluss an eine kleine Nahwärmequelle angeboten. Einige Gemeinden erzeugen Strom und Wärme durch die so genannte *Kraft-Wärme-Kopplung* oder betreiben Hackschnitzelkraftwerke oder Biogasanlagen. Normalerweise ist die Nutzung dieser Wärme eine gute Sache. Heizungshandwerker lieben diese Lösung nicht unbedingt, denn es entgeht ihnen der Umsatzerlös aus dem Verkauf eines Heizkessels und dessen fortlaufender Wartung.

❑ Es kann sogar sein, dass im Einzelfall eine einfache Gastherme die optimale Lösung darstellt.

Professor Krödels IGT-Institut – ich erwähnte es bereits - bietet für die Planung und Entscheidung sehr sinnvolle Online-Werkzeuge an. Das Tool "Gebäude-IQ" bestimmt auf Basis der Norm EN 15232 die Effizienzklassen/ Effizienzfaktoren eines Gebäudes, schlägt Maßnahmenpakete vor und berechnet die übergreifende Funktionalität der Gebäudeautomation, den "Gebäude-IQ".

Die vereinfachte Version des Tools ist ideal für den Aufruf über einen beliebigen Browser, also ohne Download oder Installation. Die Webseiten sind optimiert für Tablet-PC und iPad. Ein weiteres Werkzeugt dient der Schnellbewertung der Energieeffizienz. Zeigen Sie einem Gebäude doch einmal die gelbe oder rote Karte. Einfache Kriterien erlauben eine erste, grobe Schnellbewertung von Gebäuden bezüglich Energieeffizienz durch Automation und Energiemanagement.

13.1 Heizung

Moderne, *hoch gedämmte Gebäude* verbrauchen an sich sehr viel weniger *Heizenergie*, als ältere oder schlecht gedämmte Häuser. Dreifach verglaste Fenster strahlen weniger Wärme an die Umwelt ab, als zweifach verglaste. Alle genannten Maßnahmen können wir bei einem Neubau voraussetzen.

Nachts *lückenlos heruntergefahrene Rollläden* / Jalousien verhindern zusätzlich das Auskühlen. Die smarte Steuerung sorgt dafür, dass dies auch immer 100%ig erfolgt, selbst wenn wir nicht zuhause sind.

Und dann kommt die verhaltensbedingte, oftmals *unbewusste Verschwendung.* An den Heizkörpern befinden sich Thermostatventile. Die Fußbodenheizung wird über elektrische Stellventile gesteuert. In der Vergangenheit gab es eine Stelle im Haus, an der die Raumtemperatur gemessen wurde. An diesem Thermostat wurde auch die Ziel-Temperatur eingestellt. Meist war die Einstellung ziemlich komplex und wurde deshalb auch nicht immer optimal ausgeführt. In den USA ist das heute noch der Normalfall. Allerdings steuert dieses Gerätchen auch die Klimaanlage.

Bei der Einzelraumregelung befindet sich an der Wand in jedem regelbaren Raum ein so genannter Raumtemperaturfühler. Per Einstellrad wird die Wunschtemperatur für diesen Raum vorgegeben. Ist es an der Montagestelle kälter, öffnet das Ventil, ist die Zieltemperatur erreicht oder ist es wärmer, schließt es. Dies gilt für den ganzen Tag. Meist gibt es noch eine *Nachtabsenkung* für den Heizkessel. Ab 22:00 wird nicht mehr geheizt und ab 06:30 springt der Brenner wieder an, falls es draußen an der Nordseite des Gebäudes kalt ist. Ja, die Außentemperatur entscheidet, ob der Gas- oder Ölbrenner läuft, nicht der Temperaturbedarf im Haus. Smart geht anders.

Smart bedeutet, jeden Raum nur dann auf *Wohlfühltemperatur* zu heizen, wenn er auch bewohnt wird. Welche Räume das sind und wann entscheiden Sie. Ebenso, was Sie unter Wohlfühltemperatur verstehen. Das mag für den einen 18° Celsius, für den anderen 23°C sein. Sie legen ein Zeit- und Temperaturprofil für jeden Raum an. Die Raumtemperatursensoren melden ihre Messwerte an die SmartHome-Zentrale und diese schaltet dann die Heizkörper- bzw. Fußbodenventile. Je nach verwendeter SmartHome Software lassen sich die Profile sehr leicht und ohne zu programmieren anpassen.

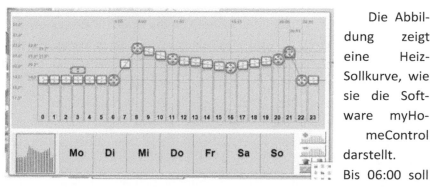

Die Abbildung zeigt eine Heiz-Sollkurve, wie sie die Software myHomeControl darstellt. Bis 06:00 soll der Raum 18°C, um 08:00 22°C warm sein. Um 16:00 Uhr ist ein Temperaturwert von 20°C vorgegeben, um 21:00 Uhr 21°C und von 22:00 bis 06:00 Uhr 18°C. Die Einstellung erfolgt hier am Touch-Display im Flur mit dem Finger. Und für jeden Wochentag kann sich das Profil unterscheiden.

Eine Einzelraum-Temperaturregelung mit Steuerung über das SmartHome System sollten Sie in jedem Falle vorsehen. Sie gewinnen Komfort und sparen durch Nichtheizen von zeitweise ungenutztem Räumen. Das bedeutet allerdings, dass der Heizungsbauer mit dem SmartHome-Handwerker zusammenarbeiten muss. Hier besteht Abstimmungsbedarf!

Ein weiterer großer Heizenergieverschwender sind *„vergessene Fenster"*. Gerade im Bad oder im Schlafzimmer werden Fenster am Morgen zum Lüften auf Kipp gestellt und dann vergessen. Bei Berufstätigen bis zum Abend. Bis dahin hat die Heizung sich stundenlang bemüht, die eingestellte Solltemperatur zu erreichen. Meist ohne Erfolg, weil die Wärme durch das Fenster nach außen entwichen ist. Die Fenstersensoren, die wir schon aus dem Kapitel Sicherheit kennen, erfüllen uns nun hier einen Zusatzdienst. Erkennt die SmartHome-Zentrale ein nicht verschlossenes Fenster, gibt es an das zuständige Ventil den Befehl „zudrehen". Nun wird es zwar kalt im betreffenden Raum – im Winter vielleicht sogar bis zur Heizungs-Frostschutzgrenze – wir vergeuden aber keine teure Energie. Wird das Fenster geschlossen, beginnt das Aufheizen auf die Solltemperatur. Vielleicht ist es uns eine Lehre, wenn wir wiederholt in ein kaltes Bad kommen und wir lassen das Fenster nicht mehr offen. Übrigens gibt es auch motorisch angetriebene Fensterschließer. Die würden das Fenster nach der Lüftungszeit automatisch wieder schließen. Nicht ganz billig, aber doch eine Alternative.

Nun leben wir in Deutschland und nicht in den heißen Tropen, aber wer weiß, was uns die *Klimaveränderung* noch beschert. Zumindest schreiben wir in den letzten Jahren Wärmerekorde. Immer mehr Menschen kaufen *Klimaanlagen.* Diese sind nun – da später gekauft –

nicht integraler Teil des Heizungssystems. Es mehren sich die Fälle, bei denen Klima-/Kühlgeräte beispielsweise auf 19°C als Zieltemperatur eingestellt sind, die Heizung allerdings das Ziel hat, die Luft auf eine Temperatur von 21° zu erwärmen. So kämpfen dann beide Systeme gegeneinander, auf unsere Kosten.

Verschiedene Hersteller von Wärmepumpen-Heizungen auf Basis der Fußbodenheizung bieten die Option der Kühlung. Statt warmen Heizwassers im Winter wird im Sommer abgekühltes Wasser durch die *Fußbodenheizung* geleitet. So lassen sich Räume auch kühlen, ohne zusätzliche, oftmals hässliche und laute Kühlaggregate. Und es gibt noch eine weitere preiswerte Möglichkeit: Um ihre aufgeheizten Hotel-Gebäude abzukühlen, öffnen verschiede Luxushotels in Arabien am frühen Morgen so gegen 4:00 Uhr die *Dachfenster* und einige Fassadenfenster einen Spalt. Die kühle, frische Morgenluft kann hinein und die heiße Gebäudeluft hinausströmen. Notwendige SmartHome-Maßnahme? Dachfenster beispielsweise im Flur mit motorischen Antrieb (z.B. Velux). Das SmartHome System erkennt an den Temperaturvorgaben, ob die Temperatur abgesenkt werden muss und öffnet das Dachfenster für einige Zeit. Das System kann auch prüfen, ob es derzeit regnet – dann bleibt das Fenster natürlich zu.

Die *Technologie der Heizung*, also Brennwertkessel, Luftwärmepumpe, Wärmepumpe mit Erdwärmesonde, Grundwasser, Spiralkollektor oder Hybridsystem, 1-, 2- oder Dreikreis-System, mit oder ohne Eisspeicher, sprengt die Möglichkeiten dieses Ratgebers. Entscheidend, welche Technik zum Einsatz kommen kann, sind die Bodengegebenheiten. Nehmen sie regionale Hilfe in Anspruch und denken Sie daran, der Handwerker möchte Ihnen das System verkaufen, das er erstens beherrscht und zweitens an dem er gut verdient. Also misstrauisch bleiben und hinterfragen. Beispielsweise, ob es Referenzen in der Umgebung gibt.

Ich möchte Sie noch auf zwei weitere Möglichkeiten hinweisen: *Fernwärme und Mini-Blockheizkraftwerke*. Eigentlich wollen Sie doch gar keine Heizung besitzen, Sie wollen es nur angenehme warm haben. Die Heizung ist dazu nur Mittel zum Zweck. Wenn sich also die Möglichkeit bietet, sich an ein Fernwärmenetz anzuschließen sollten Sie dies ernsthaft in Erwägung ziehen. Selbst wenn die Kilowattstunde etwas teurer ist, als die, die Ihnen der Hersteller einer Wärmepumpe verspricht. Die Einsparung, weil Sie keine Heizungsanlage kaufen und warten lassen müssen, wiegt den kWh Kostennachteil auf. Und Sie gewinnen einen Raum, weil Sie keine Heizungsanlage aufstellen müssen. Einige Stadtwerke und Energiedienstleister bieten Dienstleistungsverträge an, bei denen Sie nur für verbrauchte Wärme zahlen, nicht für die Hardware „Heizung". Der Dienstleister stellt ein *Mini Blockheizkraftwerk* BHKW (etwas größer als eine Tiefkühltruhe) in Ihrem Haus (Keller) auf und versorgt Sie daraus mit Wärme. Ein BHKW erzeugt Strom und Wärme. Den Strom speist der Dienstleister in sein Netz ein, damit haben Sie nichts zu tun, die „Abwärme" heizt Ihr Haus.

Der Elektro-Speicherofen

Bisher hieß das Heizgerät „Nachtspeicherofen", weil es nachts mit billigem Überschuss-Strom aus Kohlekraftwerken „aufgeladen" wurde. Die Stromerzeugungssituation hat sich durch die erneuerbaren Energiequellen grundlegend geändert. Nachtspeicheröfen ergeben keinen ökologischen und ökonomischen Sinn mehr. Falls Sie allerdings Strom-Selbsterzeuger sind, ist der Elektro-Speicherofen ein gutes Mittel, um die Mittags-Überproduktion der Photovoltaik abzugreifen und im Ofen zu speichern. Dann können Sie damit eventuell sogar „kostenlos" heizen. Besprechen Sie diese Möglichkeit bitte mit Ihrem Solateur und Heizungsfachmann. Hier muss exakt gerechnet werden!

Zu guter Letzt: elektrische Infrarot-Strahlungsheizung

Die elektrische Infrarot Strahlungsheizung ist vielen noch unbekannt. Sie wird als Fläche an der Raumdecke oder an einer Wand angebracht und schafft in kürzester Zeit eine angenehme Wärme im Räum, indem nicht die Luft des Raumes, sondern die darin befindlichen Körper erwärmt werden. Ihr besonderer Einsatzbereich ist in der Sanierung von Häusern und Räumen, die zuvor mit Nachtspeicheröfen geheizt wurde. Dort liegen nämlich dicke Stromkabel, aber keine Heizungsrohre.

Auf der folgenden Seite sehen Sie eine solche Heizung. Es ist die weiße Fläche an der Wand. Zum Betrieb wird nur ein 230 Volt Anschluss benötigt.

Die Infrarotheizung nutzt die vorhandene Kabel-Infrastruktur und erspart den großen Aufwand der Neuverlegung von Fußbodenheizung und Flächenheizkörpern einschließlich des Heizungs-Wasserrohrnetzes. Smart steuern ist einfach: Per Temperatursensor im Raum die Ist-Temperatur ermitteln, mit der Soll-Temperatur vergleichen und dann per Aktor Heizungs-Strom ein- oder ausschalten.

Auch das ist eine Infrarotstrahlungsheizung. Wo? Es ist das Bild. Es gibt diese Art Heizung in vielen Formen, Farben und Designs.

13.2 Kontrollierte Wohnraum-Lüftung

Moderne Häuser sind luftdicht. Beste Dämmmaterialien und Dichtungen sorgen dafür, dass keine (warme) Luft entweicht. Der so genannte „Blower-Door-Test" weist die Dichtheit nach. Aber, es kommt auch keine „frische Luft" hinein. Von Menschen erzeugte Luftfeuchtigkeit und CO_2 bleiben im Haus und sind die Basis für Schimmelbefall. Es sei denn, es wird richtig gelüftet. Über die perfekte Stoßlüftung kann man sich im Internet informieren, aber eigentlich weiß doch jeder, wie es geht. Warum tun es denn nur so wenige Leute?

Die kontrollierte Wohnraumlüftung sorgt dafür, dass immer perfekt gelüftet wird. Das   System besteht aus einem fast unhörbaren Gebläse und Leitungen im Fußboden, Wand oder Decke, saugt draußen frische Luft an und bläst sie sanft ins Haus. Ganz so einfach ist es allerdings doch nicht. Die erwärmte Luft gibt, bevor sie nach draußen gelangt, ihre Wärme an einen Tauscher ab, der mit nur sehr geringen Verlusten die frische Luft erwärmt. So geht fast keine Wärme verloren und trotz geschlossener Fenster ist die Luftqualität im Haus immer perfekt. Üblich ist, in die Wohnräume Luft einzublasen und im Bad und WC abzusaugen. Gern wird auch die Luft aus der Küche mit einbezogen, weil sie besonders warm ist. Allerdings enthält sie auch die Küchengerüche – denken Sie an leckere Reibekuchen -. Der Geruch verteilt sich dann vielleicht durch die Lüftung im ganzen Haus. Mein Rat, schließen Sie die Küche von Absaugung zur Luftumwälzung aus.

Inzwischen sind bezahlbare Luftgütesensoren auf dem Markt. Der CO_2 Gehalt sollte in Wohn- und Schlafräumen nicht zu hoch sein. Ein CO_2 Wächter merkt dies und aktiviert die Lüftungsanlage oder fordert über die SmartHome Zentrale dazu auf, das Fenster für ein paar Minuten zu öffnen.

13.3 Solarthermie

Die Solarthermie gehört in den Großbereich Heizung und Warmwasser. Solarthermie bedeutet, dass die Sonne bzw. das Licht eine Flüssigkeit erhitzt, die sich in Röhren meist auf dem Dach eines Gebäudes befinden. Diese Flüssigkeit gibt ihre Hitze in einem Wärmetauscher an das Wasser einer Heizung oder eines Warmwasserspeichers ab. Mit elektrischem Strom hat das alles nichts zu tun, ist also keine Photovoltaik.

Solarthermie ergänzt in der Regel die Heizung und erhitzt auch das Wasser für die Dusche, wenn die Heizung nicht läuft. Das ist sehr schön im Sommer. Heizung ganz aus und trotzdem warmes Wasser. Voraussetzung ist eine gute Lage des Grundstücks und ausreichend viele schöne Tage. Wohlgemerkt, die Sonne muss nicht vom Himmel brennen, nur Dauerregen sollte es auch nicht sein. Im Sommer, bei richtig viel Sonne, wird die Flüssigkeit in den Röhren des Sonnenkollektors sehr heiß, gefährlich heiß. Der Wärmetauscher sorgt aber dafür, dass sich niemand verbrüht.

Besprechen Sie sich mit Ihrem Heizungsinstallateur. Er hat die notwendigen Informationen über das Klima am Ort und weiß, ob und wie Solarthermie in Ihr Heizungskonzept passt.

13.4 Photovoltaik

Im Gegensatz zur Solarthermie geht es bei der Photovoltaik um die Erzeugung von elektrischem Strom aus Licht. Auch hier ist die Lage entscheidend, ob sich der Einsatz rechnet. Es gibt inzwischen gute statistische Daten über die Anzahl der Sonnentage und Stunden am Standort. Die Bundesländer bauen derzeit (2018) Solarkataster auf. Wegweisend ist das Solar-Kataster Hessen. Mit wenig Aufwand bietet das Solar-Kataster einen direkten Blick auf die Solarenergie-Potenziale von Dach- und Freiflächen. Dieser Link führt sie direkt auf die entsprechende Website. https://www.energieland.hessen.de/solar-kataster

Sie sehen hier jedes einzelne Dach mit seinem Solarpotenzial.

Photovoltaikmodule sind in den letzten Jahren immer preiswerter geworden. Deshalb wurde auch die Förderung durch den Staat deutlich zurückgefahren. Der weitere Ausbau der erneuerbaren Energien ist und bleibt eine tragende Säule der Energiewende. Ihr Anteil lag im Jahr 2016 nach vorläufigen Angaben bei rund 32 Prozent und soll bis zum Jahr 2025 auf 40 bis 45 Prozent steigen. Mit dem Erneuerbare-Energien-Gesetz 2014 (EEG 2014) wurden die Weichen gestellt, um die erneuerbaren Energien planbar und verlässlich auszubauen und sie fit für den Markt zu machen. Das EEG 2017 läutet nun die nächste Phase der Energiewende ein.

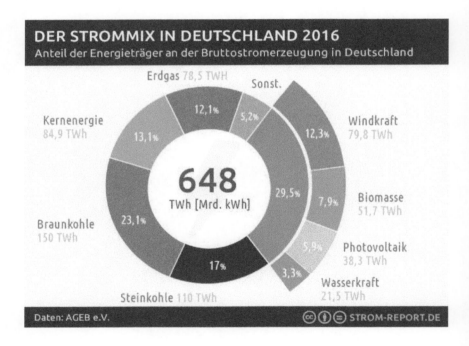

DER STROMMIX IN DEUTSCHLAND 2016

Anteil der Energieträger an der Bruttostromerzeugung in Deutschland

Erdgas 78,5 TWH

Sonst.

Kernenergie
84,9 TWh

12,1%

5,2%

13,1%

Windkraft
79,8 TWh

12,3%

648
TWh [Mrd. kWh]

29,5%

7,9%

Biomasse
51,7 TWh

Braunkohle
150 TWh

23,1%

5,9%

Photovoltaik
38,3 TWh

17%

3,3%

Wasserkraft
21,5 TWh

Steinkohle 110 TWh

Daten: AGEB e.V.

STROM-REPORT.DE

Die Grafik zeigt, dass Photovoltaik mit rund 6% Anteil am Energie-mix immer noch ein Nischenangebot ist. Dennoch: Jedes PV-Dach hilft bei der Energiewende und vermeidet CO2-Ausstoss.

Beim Thema Förderung bedeutet das EEG 2017 einen Paradig-menwechsel: Seit Januar 2017 wird die Höhe der Vergütung für Strom aus erneuerbaren Energien nicht wie bisher staatlich festgelegt, son-dern durch Ausschreibungen ermittelt. Denn die erneuerbaren Ener-gien sind erwachsen geworden – und fit genug, sich dem Wettbewerb zu stellen. Dabei gilt: Wer am wenigsten für den wirtschaftlichen Be-trieb einer neuen Erneuerbare-Energien-Anlage fordert, wird geför-dert. Am Wettbewerb sollen möglichst viele verschiedene Betreiber teilnehmen können – von großen Firmen bis zu Bürgerenergiegesell-schaften.

Förderung von Mieterstrom beschlossen

Als Mieterstrom wird Strom bezeichnet, der in Solaranlagen auf dem Dach eines Wohngebäudes erzeugt und an Letztverbraucher (ins-besondere Mieter) in diesem Gebäude oder in Wohngebäuden und Nebenanlagen im unmittelbaren räumlichen Zusammenhang ohne Netzdurchleitung geliefert wird. Im Vergleich zum Strombezug aus dem Netz fallen bei Mieterstrom bestimmte Kostenbestandteile wie Netzentgelte, netzseitige Umlagen, Stromsteuer und Konzessionsab-gaben nicht an. Bundestag und Bundesrat haben im Sommer 2017 die direkte Förderung von Mieterstrom beschlossen. Das Mieterstromge-setz ist am 25. Juli 2017 in Kraft getreten.

Mit dem so genannten Mieterstromzuschlag wird künftig jede Ki-lowattstunde Mieterstrom gefördert. Auf diese Weise rechnet sich das Projekt für den Vermieter, und Mieterinnen und Mieter profitieren von Strom vom eigenen Dach zu attraktiven Konditionen. Sie helfen damit, den Ausbau der erneuerbaren Energien voranzutreiben. Der Mieterstromzuschlag darf nur für Strom aus Solaranlagen, die mit bzw. nach Inkrafttreten des Gesetzes in Betrieb gehen werden, und erst nach Genehmigung der Förderung durch die Europäische Kommission gewährt werden.

Mehr Info finden Sie hier:
https://www.bmwi.de/Redaktion/DE/Artikel/Energie/mieterstrom.html

Eine Solarstromanlage ist tagsüber, wenn die Sonne scheint, am produktivsten. Dies entspricht aber nicht den Zeiten, in denen der Haushalt den Strom auch wirklich benötigt. Durch Speicherung und intelligente Steuerung kann der überschüssige Strom auch abends und nachts genutzt werden. So wird der Eigenstromanteil des Haushalts optimiert. Die Vorteile eines hohen Eigenverbrauchs hat auch die Bundesregierung erkannt. Daher wurde für Anlagenbetreiber neben der garantierten Einspeisevergütung für Solarstrom ein Finanzierungszuschuss für Batteriesysteme geplant.

In den vergangenen Jahren ist die Nachfrage nach Stromspeichern für den privaten Gebrauch deutlich gestiegen, wie die Antragszahlen für das Speicherförderprogramm der KfW Bank zeigen. So wurden bis September 2015 bereits rund 14.000 Anträge genehmigt. Hauptgründe für diesen Trend sind der Wunsch nach niedrigeren Stromrechnungen und Unabhängigkeit sowie deutlich sinkende Preise.

Für Betreiber privater PV Anlagen ist es inzwischen günstiger, den Solarstrom selber zu verbrauchen, als ihn in das öffentliche Stromnetz einzuspeisen und dafür die Einspeisevergütung zu erhalten. Seit 2011 liegt diese unter dem Strompreis. Dies hat zur Folge, dass die Nachfrage nach Speichermöglichkeiten deutlich gestiegen ist.

Blei- oder Lithium-Ionen-Batterie

Stromspeicher für den privaten Gebrauch sind entweder mit Blei-Säure-, Blei-Gel- oder Lithium-Ionen-Batterien ausgestattet. Blei-Säure-Batterien waren in der Vergangenheit am weitesten verbreitet, beispielsweise als Auto-Starterbatterien. Aufgrund der deutlichen Vorteile von Lithium-Ionen-Batterien gegenüber Blei-Akkus setzen sich diese zunehmend durch und gelten auch im Bereich der Photovoltaik in den letzten Jahren als maßgebend.

Lebensdauer: Bei Lithium-Ionen-Batterien ist eine erwartete Lebensdauer von ca. 15 Jahren möglich, während diese bei Blei-Batterien bei Werten zwischen 5 und max. 10 Jahren liegt.

Aufstellungsraum: Blei-Akkus müssen zwingend in einem belüfteten Raum untergebracht werden, da die Batterien ausgasen. Bei Lithium-Ionen-Batterien ist dies nicht notwendig.

Entladetiefe: Lithium-Ionen-Batterien erreichen eine Entladetiefe von bis zu 100 %. Blei-Batterien sollen nur zu 50 % entladen werden, da sich eine tiefere Entladung negativ auf die Betriebsdauer auswirkt.

Systemwirkungsgrad: Der Systemwirkungsgrad bei Lithium-Ionen-Akkus erreicht über 90 %, bei Blei-Batterien sind ca. 70 % möglich. Photovoltaikanlagen mit Blei-Batterien müssen deshalb größer dimensioniert werden, wodurch unnötige Mehrkosten entstehen.

Speichergröße und Kapazität

Die Speichergröße bzw. Speicherkapazität muss an den jeweiligen Bedarf angepasst werden. Der Speicher sollte groß genug sein, einen Haushalt vom Abend bis zum nächsten Morgen mit Solarstrom zu versorgen. Für einen durchschnittlichen Vier-Personen-Haushalt mit einem Jahresstromverbrauch von ca. 4.500 Kilowattstunden (kWh) ist meist eine Größe von 4 bis 6 kWh ausreichend. Wird das Gerät jedoch zu klein oder zu groß dimensioniert, entstehen unnötige Mehrkosten, wie die folgende Beispielrechnung zeigt:

Ist das Speichersystem zu klein, kann nicht genug Energie gespeichert werden, um den Bedarf zu decken. Der Zukauf von Strom aus dem Netz wird notwendig. Werden 300 kWh Strom mehr benötigt als gespeichert, ergeben sich Mehrkosten von ca. 84 € (bezogen auf einen Strompreis von 0,28 €/kWh). Bei einem zu großen Speicher wird hingegen der nicht benötigte Solarstrom dauerhaft gespeichert. Die Netzeinspeisung und somit die Vergütung entfallen. Ausgehend von 12,4 ct/kWh für die Einspeisung bedeuten 500 kWh nicht eingespeister Solarstrom Einbußen in Höhe von ca. 62 €

Speicherförderung - Ein Überblick

Im Vorfeld des Speicherkaufs können Sie sich über Fördermöglichkeiten informieren. Beispielsweise gewährt die KfW Bank verschiedene Förderungen, über die ein Stromspeicher mit finanziert werden könnte. Das bislang verfügbare Förderprogramm Erneuerbare Energien - Speicher (275) der KfW Bank ist zum 31.12.2015 ausgelaufen. Nach einer zweimonatigen Pause wurde das Programm am 01.03.2016 mit verschärften Rahmenbedingungen weitergeführt. Die Neuauflage der Speicherförderung für Batteriespeicher bei Photovoltaikanlagen endet am 31.12.2018. Zusätzlich haben Interessenten die Möglichkeit, einen Photovoltaik Speicher über die KfW Förderprogramme Erneuerbare Energien 270 und 274 sowie Energieeffizient Bauen 153 mitzufinanzieren.

Integration

Der Anschluss des Speichersystems findet auf der Wechselstrom-seite völlig eigenständig zur Solarstromanlage statt. Das hat den Vor-teil, dass die Solarstromanlage mit dem individuell am besten geeigne-ten Wechselrichter kombiniert werden kann. So haben Sie mehr Flexi-bilität bei dem Design von Neuanlagen.

Ein umfassendes SmartHome System misst ständig den Verbrauch des Hauses und die erzeugte Menge Strom. Wird mehr erzeugt, als gebraucht wird, wird der Strom in den Speicher umgeleitet. Sie brau-chen also keinen separaten Energieoptimierungsrechner, wie ihn viele Solateure anbieten. Der kostet so viel wie Ihr SmartHome System und ist nur dann notwendig, wenn Sie kein SmartHome haben.

Wie so etwas in der Praxis aussieht können Sie im Musterhauspark Poing bei München erleben, oder hier im Internet sehen:
https://wl59www352.webland.ch/myhomecontrol/Referenzen/DE_BF_MH_Alpenchic_Poing.html

Das Musterhaus „Alpenchic" von Baufritz vereint eine Brennstoffzelle, Photovoltaik und einen kleinen Windgenerator im Garten, sowie einen Batteriespeicher. Die SmartHome Hardware von Jäger Direkt basiert auf der EnOcean Technologie. Als Software wird myHomeControl der BootUp GmbH eingesetzt.

Hier finden Sie den Link zum Beratungsportal www.energieheld.de
Lesen Sie sich bei Energieheld „schlau" und lassen Sie sich dann vom Solarteur beraten. Heizungs-/Sanitär-Handwerker sind oftmals auch Solateure.

Lassen Sie sich keinen separaten Energieoptimierungsrechner verkaufen. Diese Funktion und noch viel mehr bietet Ihnen der SmartHome. Er misst die erzeugten Ströme, den aktuellen Verbrauch und kennt den Ladezustand der Batterien. Zusätzlich kann er das Einschalten von Verbrauchern verzögern und elektrische Lasten schalten.

13.6 Hausgeräte

Die Hausgeräteindustrie hat endlich SmartHome entdeckt. Jahrelang war nur Miele mit den Miele@home Produkten auf dem Markt. Der Verkaufserfolg war allerdings unbefriedigend, denn es gab keine sinnvollen Anwendungen für die innovative Technik. Warum sollte man beispielsweise einen Trockner per App starten? Es fehlten die Anwendungen, die jederzeit ermitteln, ob sich der Einsatz lohnt (Strompreis). Und es fehlen die variablen Stromtarife. Ohne diese lässt sich überhaupt nicht sparen. Doch selbst wenn die Energieversorger den Strom zu Selbstkosten abgeben würden, geht die Rechnung nicht auf. Der Betrag, der sich dann sparen ließe wäre geringer, als die Mehr-Investitionskosten in den smarten Trockner oder die vernetzte Waschmaschine – wohlgemerkt bei heutigen Geräte-Preisen.

Den Sachversicherern sind fernsteuerbare Haushaltsgeräte übrigens immer noch suspekt. Ein Gerät unbeaufsichtigt zu betreiben, riskiert den Versicherungsschutz. Unter diesen Voraussetzungen kann man die Waschmaschine eben nicht per App oder aus der Ferne schalten, weil gerade der Strom günstig ist. Denn vielleicht hat ja jemand den Ablaufschlauch aus dem Becken genommen und die ganze Lauge ergießt sich auf den Parkettboden. Gerade die Funktion „Fernstart" ist aber wichtig, um Strom-Überproduktion durch Wind und Sonne zu nutzen (siehe auch die Grafik auf Seite 34). Hier besteht noch juristischer Regelungsbedarf. Seien Sie also vorsichtig.

Die Internationale Funkausstellung IFA 2017 war in Sachen smarte Hausgeräte der technologische Durchbruch. Jeder Hersteller zeigte mehr oder weniger smarte Geräte. In der Tendenz hatten die neuen Geräte weniger Bedienelemente. Die gute Idee: Standard-Programme per Tastendruck auslösen, alles Spezielle dann per App mit dem Smartphone oder dem „Haushalts-Tablet" schalten.

Ich bin überzeugt, dass die asiatischen Anbieter wie Panasonic, Samsung, LG und Haier etc. sehr schnell mit per LAN /WLAN vernetzbaren Produkten ohne Mehrkosten in Erscheinung treten werden. Bosch, Miele, Liebherr und Electrolux/AEG werden reagieren und ihre derzeitige Hochpreispolitik überdenken. Wenn die Investition in eine smarte Waschmaschine, Trockner oder Spülmaschine nicht mehr ins Gewicht fällt, wird die Verbreitung steigen. In wenigen Jahren wird die Vernetzung keine Option mehr sein, sondern normaler Lieferumfang. Dann haben Sie in einem smarten Heim den Vorteil, dass sie diese Geräte nicht nur selbst manuell per App, sondern auch automatisiert durch den SmartHome-Controller steuern lassen können.

Fazit
Die meisten Haushaltsgeräte stehen in der Küche, einige im Waschkeller oder Hauswirtschaftsraum. Sorgen Sie dafür, dass in allen genannten Räumen ein Netzwerkanschluss (LAN) besteht, auch wenn für die Geräte WiFi angeboten wird.

Und noch eine gute Nachricht: Miele erlaubt nun bei allen Geschirrspülern, dass der Wasserzulauf an einen Warmwasserhahn angeschlossen wird. Das ist in den USA schon sehr lange üblich. Nun endlich auch bei uns, denn so lässt sich leicht eine Menge Strom sparen, da das Wasser zum Geschirr spülen nicht mehr bzw. nicht mehr so stark erwärmt werden muss. Diese Maßnahme ist natürlich sinnlos, wenn

Sie das warme Haushaltswasser per Elektroboiler und ohne eigene PV erzeugen.

Die Abbildung zeigt einen Samsung Crystal Blue WW9000 Waschvollautomaten mit Touchdisplay und WLAN. Die Bedienung erfolgt per Handy und App. Preis laut Internet 1.500 Euro.

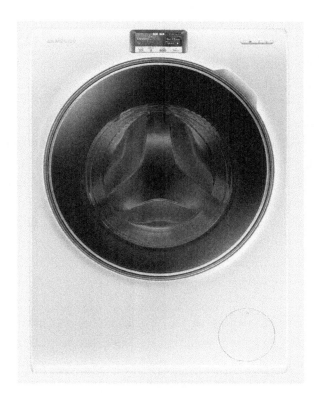

Legionellen sind im Wasser vorkommende Bakterien, die sich bei Temperaturen von 25°C bis 42°C im Trinkwasser rasant vermehren. Durch das Verdampfen des Wassers, etwa beim Duschen, können diese Erreger in die Lunge geraten und eine schwere Lungenentzündung (Legionellose) hervorrufen. Die Zahl der jährlich mit Legionellose festgestellten Infektionen wird vom Robert-Koch-Institut auf 15.000 bis 30.000 Fälle geschätzt, wobei die Dunkelziffer noch wesentlich höher sein dürfte. Tatsache ist, dass mehr Menschen an einer durch Legionellen hervorgerufenen Lungenentzündung sterben als im Straßenverkehr durch Unfälle.

Legionellen sterben bei einer Temperatur von 60°C und darüber ab. Optimal ist eine Temperatur von 70°C. Dann genügen wenige Sekunden, um die Bakterien zu töten. Wärmepumpen erzeugen leider kein heißes Wasser mit diesen Temperaturen. Warmwasserspeicher müssen deshalb von Zeit zu Zeit entsprechend aufgeheizt werden. Bei einer Gasheizung mit Warmwasserbereitung ist das „Legionellen-Programm" integriert und sorgt automatisch für legionellenfreies Wasser. Eine Wärmepumpenheizung erzeugt die Legionellen-Temperatur mit einer elektrischen Heizspirale und teurem elektrischem Strom.

Es ist also richtig smart, das Legionellen-Abtötungsprogramm dann laufen zu lassen, wenn elektrischer Strom im Überfluss vorhanden ist und nicht, wenn die Zeitschaltuhr des Legionellen-Programms dies vorsieht. Ein gutes SmartHome-System leistet dies natürlich. An diesem Beispiel sieht man, wie die Gewerke Heizung, Solateur und Elektro Hand in Hand arbeiten müssen, um ein optimales Ergebnis zu erzielen.

14 SmartHome-Komfort oder AAL

In der Wissenschaft wird zwischen SmartHome Komfortanwendungen und AAL-Assistenzsystemen unterschieden. In der Realität lassen sich beide Bereiche nicht wirklich trennen. AAL steht für *ambient assited living* und soll die Systeme bezeichnen, die (meist ältere) Menschen dabei unterstützen, möglichst lange in ihrem vertrauten Wohnumfeld zu leben. Ich übersetze AAL gern mit *Alltagunterstützende Assistenz-Lösungen*. Ich vermeide dabei bewusst den Begriff „Alter". Denn auch ein junger Mensch mit Gipsbein oder im Rollstuhl ist in seiner Bewegung behindert und freut sich über jede technische Hilfe, die ihm das Leben in der Wohnung erleichtert.

Die technische Lösung für Komfort oder AAL ist fast immer gleich, nur die Motivation, diese hilfreiche Assistenz-Technik einzusetzen, ist eine andere.

Beispiel 1 - Video-Türsprechstelle
Eine digitale Videokamera an der Eingangstür überträgt Bild und Ton auf jedes digitale Display Ihrer Wahl. Also sowohl auf ein Smartphone, Tablett-PC, PC, Smart-TV, und was da noch so alles an technischen Dingen mit Display kommen mag. Bild und Ton lassen sich speichern. Über das Handy-Netz lässt sich die Klingel-Aktion sowie Bild und Ton weltweit weiterleiten. Nicht nur der in seinen Bewegungen eingeschränkte Mensch profitiert davon, mit dem Besucher an der Tür sprechen zu können und ihn zu sehen (*AAL*), auch der gesunde Mensch genießt den *Komfort*, jederzeit weltweit informiert zu werden, falls jemand an der Haustür klingelt. Und wenn man denn will und die Tür entsprechend eingerichtet ist, lässt sie sich auch aus der Ferne öffnen.

Beispiel 2 – Alles-Aus-Funktion

Nicht nur ältere Leute mögen einen Kartenschalter innen an der Haustür, wie im Hotel. Wird die Karte gezogen, schaltet der SmartHome Rechner eine ganze Liste von Verbrauchern ab und meldet, ob noch Fenster oder die Terrassentür offen sind. Diese Funktion wurde ursprünglich für die ja angeblich so vergesslichen Alten eingeführt. Inzwischen begeistern sich auch viele junge Leute dafür. Denn so weiß man auch im morgendlichen Stress absolut sicher, dass elektrisch alles OK ist.

Beispiel 3 – Beschattung

Eine detaillierte Jalousiesteuerung nach Sonnenstand, Sonnenbahn und Intensität wurde lange als Luxus angesehen, also *SmartHome*. Etliche Pflegeheime sind über die automatische Beschattung aber sehr froh, denn es entlastet die Pflegemitarbeiter und sichert die Pflegewohnungen vor Überhitzung. Niemand muss mehr warten, bis die Pflegekraft kommt und das Rollo herunterlässt und später wieder herauffährt. Das geht dank *AAL* nun automatisch.

Die Beispiele zeigen, dass alle Funktionen, die Sie als junger Mensch aus Komfortgründen einbauen, sich später in Form von Erhaltung der Lebensqualität auszahlen. Die Voraussetzungen dafür müssen Sie allerdings heute schaffen.

15 Sprachkommando-Systeme

Sprachkommandosysteme gibt es schon sehr lange. Ursprünglich wurden sie in Kampfflugzeugen dazu verwendet, per Sprache bestimmte Waffensysteme zu bedienen, ohne die Hand vom Steuerknüppel nehmen zu müssen. Auch für hochgradig Behinderte gab es Lösungen und schließlich boten viele Automobile die Steuerung von Navi, Klima und Radio per Sprache an. Die allermeisten Systeme bedurften eines Sprachtrainings. Man musste so sprechen, dass die Maschine es verstand. Eine Sprecherunabhängigkeit war nicht gegeben.

Durch Alexa, Google und Siri hat sich das entscheidend geändert. Sprecherunabhängigkeit ist selbstverständlich. Man kann zwar noch nicht völlig frei formulieren, die Sprachassistenten sind aber schon bemerkenswert verständig. Und der dritte entscheidende Faktor, der Anschaffungspreis, ist inzwischen fast lächerlich gering. Letzteres liegt wohl daran, dass die Hersteller der Systeme nicht die Hardware und Software des Systems verkaufen, sondern ein ganz anderes Geschäftsmodell im Sinn haben. Der Kaufpreis ist quasi eine Art Schutzgebühr. Sie als Kunde bezahlen mit Ihren Daten, solange Sie diese Geräte nutzen. Ich will nichts gegen dieses Geschäftsmodell sagen, das ist völlig legitim. Sie müssen nur wissen, dass alles, was Sie diesen Systemen anvertrauen, verwendet wird, um mehr über Sie in Erfahrung zu bringen und Ihr Profil als potenziellen Kunden zu vervollständigen. Dies wissend, entscheiden Sie, ob Sie den zugegeben tollen Komfort der Sprachsteuerung Ihres Hauses installieren wollen, oder nicht.

Amazon Echo oder der kleinere Echo Dot, sowie die neuen Familienmitglieder verfügen über eine Reihe von Mikrofonen, Lautsprechern,
einem Bluetooth- und einem WiFi-Interface und einen Prozessor, der
ständig analysiert, was im Umkreis gesprochen wird. Nimmt er das
vereinbarte „Zauberwort" Alexa wahr, werden die weiteren Worte an
den Großrechner von Amazon irgendwo in der Cloud weitergegeben.

Dort wird analysiert, was gesprochen wurde. Beispielsweise „Alexa, Rollo im Büro auf 30 Prozent" interpretiert die künstliche Intelligenz auf dem Großrechner und sendet den dazu hinterlegten Schaltbefehl an die richtige Adresse des SmartHome Systems. „Hinterlegter Schaltbefehl" hört sich so harmlos an. Dahinter verbergen sich eine große Menge Software, logische Verknüpfungen und Übersetzungen zwischen den Schnittstellen ganz unterschiedlicher Systeme. Aber es funktioniert perfekt.

Amazon hat dazu die notwendigen technischen Informationen veröffentlicht und nahezu alle relevanten SmartHome Anbieter haben Alexa als Sprachkommandosystem in ihre Lösung integriert. Alexa wird in den nächsten Jahren noch mehr lernen. Es wird reichen zu sagen „Alexa mir ist es zu kalt" und Alexa wird dafür sorgen, dass die Solltemperatur in dem Raum Ihres Haus heraufgesetzt wird, in dem Sie sich gerade befinden. Heute müssen sie noch sagen „Alexa, setzte die Raumtemperatur im Büro auf 23 Grad".

Alexa kommt von Amazon. Amazon ist ein Internet-Warenhaus. Man möchte mit dem Alexa Angebot das Einkaufen einfacher machen. So bequem, dass Sie nur noch per Sprache einkaufen. Amazon weiß ja, ob Sie Persil oder Omo zum Waschen nehmen, also reicht die Ansage „Alexa, Waschpulver bestellen".

Es regt sich leiser Widerstand. Eltern mussten erfahren, dass ihre Kinder gelernt haben dass es wichtiger ist klar und deutlich zu reden, statt höflich zu sein. Und wenn die Kinder dann mit den Eltern reden, wie mit Alexa, hört der Spaß auf: „Mama, Pizza Napolitana!" ohne Bitte und Danke? Inzwischen reagiert Alexa auf Bitte und Danke selbst mit Freundlichen Floskeln. Geht doch.

15.2 Google

Google hat ein ähnliches Angebot wie Amazon. Auch hier gibt es das Gerät mit Mikrofonen, Lautsprechern, Datenschnittstelle und Prozessor. Auch Google hört ständig zu, interpretiert und überträgt das gesprochene Wort, bzw. jedes Geräusch aus dem Raum zu Google in die Cloud. Google will uns aber kein Waschmittel oder keine Kekse verkaufen,  sondern ist ausschließlich an unseren Daten interessiert. Das Google-Angebot ist dank Suchmaschine „Google" sehr gut in der Beantwortung von Fragen, ein direktes Warenverkaufsangebot gibt es nicht. Die Software-Industrie und auch die meisten Hersteller von SmartHome-Systemen erwarten, dass Google langfristig das bessere Angebot bieten wird, da dort mehr Software-Kompetenz vermutet wird. Heute hat Amazon noch die Nase vorn.

Siri ist das Sprachsteuerungsangebot für Apple-Nutzer. Es gibt derzeit (Anfang 2018) noch ein dediziertes Hardwareangebot, Siri funktioniert aber auf allen Apple-Geräten mit Mikrofon, also jedem iPhone und Apple Tablet.

„Hey Siri, weck mich morgen früh um 7:00 Uhr", wirbt Apple auf seiner Website. *„Wenn du mit Siri sprichst, kannst du Dinge einfacher und schneller erledigen. Es ist immer bei dir – auf deinem iPhone, iPad, Mac, auf deiner Apple Watch und auf Apple TV – und hilft dir den ganzen Tag. Mit einer neu gestalteten Oberfläche und einer neuen ausdrucks-stärkeren Stimme kann Siri mehr als jemals zuvor. Und je mehr du Siri nutzt, desto besser weiß es, was du in einem bestimmten Moment brauchst. Sag einfach „Hey Siri", bevor du etwas fragst, und Siri kümmert sich darum.*

So lassen sich Timer setzen und mit Apple HomeKit verbundene SmartHome Geräte steuern. Für den, der schon ein paar Apple-Gerätschaften im Haus hat, ist Siri sicherlich die logische Lösung.

Fazit

Welches Sprachkommandosystem?

Wenn Sie zur Apple Fangemeinde gehören, natürlich Siri. Für alle anderen gilt: Derzeit hat Amazon Alexa die größere Unterstützung der Branche, Google holt allerdings auf. Sie sind mit beiden Angeboten gut bedient.

16 Smartes Licht

Seit ein paar Jahren gibt es so genanntes smartes Licht. Der Hersteller Philips hat LED-Leuchtmittel auf den Markt gebracht, die per Funk gesteuert werden können. Ob Farbe oder Helligkeit, An oder Aus, dank App und Smartphone lassen die Leuchten sich steuern.

Bisher wurde Licht per Dimmaktor im Stromverteilerkasten oder in einer Installationsdose in der Wand gesteuert. Das Leuchtmittel selbst, also meist die Glühbirne, konnte entweder leuchten, oder nicht leuchten. Jede Lichtstimmung oder die Helligkeit musste über den Aktor und die SmartHome Zentrale erzeugt werden.

16.1 Philips Hue

Philips Hue basiert auf dem SmartHome Funkstandard ZigBee. Per Funk kommuniziert die Philips Hue Zentraleinheit mit den Leuchtmitteln. Ein, Aus, Heller, Dunkler, per Rampe abschalten, Farbauswahl aus 16 Millionen Farben oder zwischen Weißtönen, die Kommandos dazu überträgt die Zentrale per Funk an eine Elektronik in der Birnenfassung. Die Kommandos erhält die Zentraleinheit von einer App auf einem Smartphone oder Tablet. Und das war lange Zeit einer der Hauptkritikpunkte. Warum soll man zum Lichteinschalten sein Smartphone zücken, die Hue-App aufrufen, in den entsprechenden virtuellen Wohnraum in der App wechseln, dort die entsprechende Hue-Leuchte suchen, um dann per Fingertip das Licht einzuschalten? Das ist doch nicht smart? Das ist spätestens beim dritten Mal echt lästig. So hat Philips dann auch passende Wandschalter für Hue „erfunden". Und damit ist dann das Beste aus der alten und der neuen Welt vereint: modernes Licht, smarte Ansteuerung und bewährte Bedienung.

Hue war allerdings weltweit ein so großer Erfolg, dass quasi alle SmartHome Systeme Philips Hue unterstützen. Ob Telekom Quvicon, RWE / innogy, myHomeControl, digitalstrom, Devolo, Wibutler, ich könnte die Liste noch endlos weiter fortsetzen, Hue ist voll integrierter Bestandteil unzähliger SmartHome-Systeme.

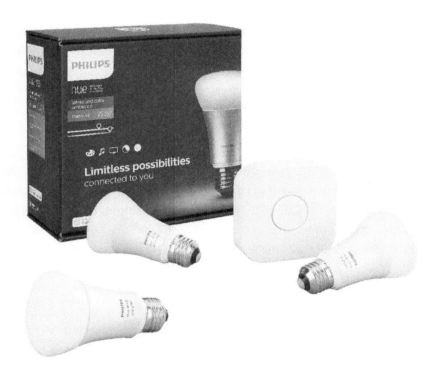

Ein Starterkit aus Zentraleinheit und drei Retrofit-Leuchtmitteln. Die Zentraleinheit wird mit dem WALN-Router verbunden. Per Smartphone und installierter App lassen sich die LED-Leuchtmittel steuern.

Auch Alexa versteht sich mit Hue sehr gut.

Auch die anderen großen Leuchtenhersteller wie beispielsweise Osram, haben entsprechende Angebote. Eins davon möchte ich hier stellvertretend beschreiben: WIZ connected Light.

Wiz wird hauptsächlich über Baumärkte und das Internet vertrieben und benötigt keine Zentrale. Die einzelnen Leuchtmittel, die Fernbedienung und die App auf dem Smartphone kommunizieren direkt über die Cloud miteinander. Das bedeutet, die Fernbedienung funkt über den Internet-Router (die Fritz-Box) zum Rechner der Firma WIZ in der Internet-Cloud: „Müllers Leuchte im Wohnzimmer, Herbststimmung, 45% Helligkeit". Dieser entfernte Rechner findet die entsprechende Leuchte im Wohnzimmer der Müllers über die IP-Adresse und sendet ihr den Befehl. Die Leuchte schaltet auf Herbststimmung bei 45 Prozent Helligkeit. Alles gut?

Ja, aber nur so lange das Internet funktioniert. Und ich habe persönlich ein latent komisches Gefühl, weil ich nicht weiß, welche Daten auf diese Weise noch aus meiner Wohnung übertragen werden, und

an wen? Sie können sich sicher denken, dass diese Konstellation preislich attraktiv ist, weil keine Zentrale gebraucht wird.

In diesem Kapitel möchte ich mit ein paar Vorurteilen aufräumen.

Vorurteil #1: Funk strahlt und ist gefährlich

Wir sind heute bereits hochfrequenter Bestrahlung von vielen Quellen ausgesetzt. Schurlostelefone (DECT), Mobilfunk (GSM, UMTS, LTE), Wireless Local Area Network (WLAN/WiFi) und nun auch noch der Gebäudefunk. Die Entwickler der EnOcean-Technologie wollten es ganz genau wissen und haben im Jahre 2009 das *ECOLOG-Institut für sozial-ökologische Forschung und Bildung gGmbH* in Hannover mit einem Gutachten mit dem Titel *„Hochfrequenzemissionen von Funkschaltern der Firma EnOcean" beauftragt. Zweck dieser Untersuchungen war es (Zitat), "Das von EnOcean-Funkschaltern emittierte, elektromagnetische Hochfrequenzfeld bezüglich eventueller schädlicher Wirkungen" durch eine neutrale Stelle bewerten zu lassen und messtechnisch mit Hochfrequenzemissionen etablierter Technologien zu vergleichen.*

Wissenschaftlich ermittelt wurde die hochfrequente Leistung pro Quadratmeter, die so genannte Leistungsflussdichte. Die Ergebnisse sind beruhigend für EnOcean, aber irgendwie doch ein bisschen erschreckend für uns alle, denn es ist uns im täglichen Leben gar nicht mehr bewusst, was da alles um uns herum und mit welcher Intensität funkt und strahlt.

Die Tabelle auf der nächsten Seite zeigt die Ergebnisse:

Gerät / Anlage	Leistungs-flussdichte (W/m²)	Abstand (Meter)	Dauer
EnOcean Funk-schalter	0,0000 13	1	Wenige Millise-kunden und nur bei Betätigung
Konventioneller Lichtschalter	0,0015	1	Wenige Millise-kunden und nur bei Betätigung
WLAN Access Point	0,01	2	Während Daten-austausch (also quasi immer)
WLAN Netz-werkkarte, z.B. PC, Smart-Phone/ Tablett	0,1	0,5	Während Daten-austausch (also quasi immer)
DECT Telefon	1	0,1	Während des Telefonats
Mobilfunk-gerät	12-42	0,1	Während des Telefonats

Was bedeutet das nun?

Konventionelle Lichtschalter - siehe Zeile 2 der Tabelle - verursa-chen in dem Moment, indem man sie mit dem Finger betätigt - und dabei selbst nur etwa einen Meter entfernt davor steht - durch den für uns unsichtbaren, aber manchmal hörbaren so genannten Abreißfun-ken, eine ca. 100-fach höhere Hochfrequenzemission, als ein EnOcean Funkschalter, den wir auch aus einem Meter Abstand mit dem Finger betätigen. Dabei ist der „Schaltfinger" sogar nur Millimeter vom Abreißfunken entfernt. Beide Strahlungen, Abreißfunke und EnOcean-Telegramm werden allerdings nicht ständig ausgesendet, sondern immer nur dann, wenn man die jeweiligen Taster oder Schalter betätigt. Der konventionelle Lichtschalter schaltet die 230 Volt-Leitung des Verbrauchers, beispielsweise einer Lampe direkt. Der EnOcean-Schalter löst per Funk nur einen 230 Volt Schaltvorgang bei einem Funk-Aktor an anderer Stelle aus. Dieser Aktor ist in der Regel jedoch im Metall-Schaltschrank untergebracht und damit ungefährlich für die Bewohner des Gebäudes. Sehr häufig verwenden EnOcean-Aktoren keine Relais mit Kontakten sondern Halbleiterschalter, die bauartbedingt zum einen keinen Abreißfunken erzeugen oder Relais, die im Spannungs-Nulldurchgang schalten und so einen Abreißfunken gar nicht erst entstehen lassen. Die Hochfrequenzbilanz spricht also deutlich für EnOcean-Funk und gegen konventionelle Lichtschalter. Das finde ich sehr überraschend.

Vergleichen wir die Strahlung von 0,000013 W/m², die EnOcean-Funk, gemessenen in einem Meter Entfernung, mit der kontinuierlich strahlenden 0,1 W/m² Hochfrequenzleistung einer *WLAN-Quelle* im Laptop oder Smartphone, so lässt sich leicht ableiten, dass der EnOcean-Gebäudefunk vollkommen bedenkenlos akzeptiert werden kann. Seine Leistung ist 100.000 fach geringer, als das akzeptierte WLAN / WiFi. Wichtig ist jedoch nicht nur die Hochfrequenzfeldstärke, es ist auch die Dauer mit der das Signal gesendet wird. Je kürzer eine Übertragung ist, desto weniger Strahlung wird erzeugt.

Die Aufgabe von *WLAN* und *Bluetooth* ist es, mit Hilfe von Funk Kabel zu ersetzen. Deshalb müssen sie immer aktiv sein. Sensor-Systeme wie zum Beispiel ein EnOcean-Thermometer senden nur dann ein extrem kurzes Telegramm, wenn sich die Temperatur geändert hat und von Zeit zu Zeit, um zu melden, dass sie noch da und funktionsfähig sind. Wand-Taster senden nur, wenn sie betätigt werden. WLAN / WiFi sendet kontinuierlich.

Wer eine Abneigung gegen Hochfrequenz-Strahlung hat, oder vermutet, dass diese ihn langfristig krank machen könnte, müsste nach diesen Ergebnissen seine konventionellen Lichtschalter entfernen und durch EnOcean-Funkschalter ersetzen. Das Ergebnis wäre eine 100-fach geringere HF Strahlung. Doch es lohnt vermutlich mehr, sich die anderen „Funk-Sender" wie WiFi einmal kritisch anzusehen.

Ein paar Tipps

❑ DECT-Telefon und Basisstation sind starke Sender und gehören nicht ans Bett. Prüfen Sie, ob Ihr DECT-Schnurlostelefon das ECO DECT Siegel hat. Sehr viele ältere Modelle ohne ECO-Siegel senden unsinnigerweise sogar dann mit voller Sendeleistung, wenn das Mobilteil in der Basisstation steckt. Tauschen Sie diese „Dauerstrahler" gegen moderne Geräte aus.

❑ Der WLAN Access-Point bzw. der WLAN Router soll natürlich günstige Funkausbreitungsbedingungen und somit einen guten Standort im Gebäude haben. Deshalb ist er im abschirmenden Metall-Schaltschrank im Keller nicht gut aufgehoben. Er gehört allerdings auch nicht ins Kinderzimmer oder auf den Schreibtisch im Home-Office, sondern ein paar Meter davon entfernt aufgestellt. Gute Produkte lassen sich in der Hochfrequenzleistung leicht den Gegebenheiten anpassen oder machen das sogar automatisch. Bei der weit verbreitete Fritz-Box lässt sich WLAN auch per Telefon Ein- bzw. Aus-schalten und DECT in der Sendeleistung anpassen.

❑ Mobilfunkgeräte, also Handys, Smartphones und viele Tabletts suchen kontinuierlich nach einem Funkmasten, um sich bei einer Funkzelle anzumelden. Ist dies erfolgt, reduzieren sie die Sendeleistung soweit als möglich, ohne den Kontakt zu verlieren. Das bedeutet aber umgekehrt, befinden Sie sich in einem funktechnisch schlecht versorgten Gebiet oder Funkloch, oder haben Sie vielleicht sogar Ihr Haus mit Metallfolien gegen Strahlung geschützt, versucht Ihr Handy immer wieder durch Erhöhung der eigenen Sendeleistung sich bei einer Station anzumelden. In einem schlecht versorgten Gebiet sollten Sie das Handy also keinesfalls neben das Bett oder gar unter das Kopfkissen legen. Ein bis zwei Meter Abstand führen schon zu einer starken Reduzierung der Strahlung, die auf den Körper trifft.

❑ Einige moderne Schlafzimmer verfügen über eine „Spannungsfrei-Schaltung". Nachts werden alle elektrischen Verbraucher im Schlafzimmer abgeschaltet. Alle diese Maßnahmen sind sinnlos, wenn Handy oder Schurlostelefon auf dem Nachtschränkchen liegen.

Fazit

Der Gebäudefunk an sich ist unbedenklich. EnOcean sendet deutlich weniger hochfrequente Strahlen aus, als eine konventionelle Elektroverkabelung und ist der mit Abstand kleinste Hochfrequenzsender im Haus.

ZigBee, Z-Wave, EQ3, RWE SmartHome erreichen nicht ganz so gute Werte wie EnOcean allein schon durch die Tatsache, dass der EnOcean-Funk die kürzesten Funktelegramme sendet. Sie sind aber alle um Größenordnungen besser, als die hier beschriebenen DECT-, WLAN- und Mobilfunk-Geräte.

Hier können Sie die ECOLOG Studie als PDF Datei laden.
http://www.enocean.com/fileadmin/redaktion/pdf/articles/ECOLOG_Messgutachten_v1.2.pdf

Was bedeutet „sicher" in dem Zusammenhang? Zum einen die *Funktionssicherheit*, aber natürlich auch die Sicherheit davor, dass Fremde unsere *Daten lesen oder Manipulieren* können. Die Funktionssicherheit ist abhängig von der fachlich richtigen Installation. Funk ist in der Reichweite begrenzt und dringt nicht durch beliebig viele Wände und Geschoßdecken. Der ausführende Handwerker, oder Sie selbst als Do-it-Yourself-Heimwerker müssen die Standorte der Funksensoren also mit Bedacht wählen. Allerdings müssen Licht-Taster dort sein, wo sie von der Benutzung her Sinn ergeben. Ein Temperatursensor muss dort angebracht werden, wo seine Messung repräsentativ für den Raum ist, also nicht direkt am Fenster oder oberhalb einer (wärmenden) Wandleuchte. In aller Regel sind die Funkreichweiten gut genug. Gibt es im Einzelfall Probleme, helfen so genannte Repeater oder ein zweiter Accesspoint für den Gebäudefunk.

Auch beim Kabel ist übrigens die handwerklich saubere Verlegung entscheidend für die Funktion.

Der *Schutz vor Datendiebstahl und Manipulation* ist ein ganz wichtiger Aspekt. Zuhause wollen wir sicher sein. Das Gefühl, dass irgendjemand Zugriff auf unsere persönlichen Daten, die des Gebäudes oder gar der Kameras haben könnte, ist beunruhigend. Wir müssen also dafür sorgen, dass keine lesbaren Daten das Haus verlassen und niemand in unser Netzwerk eindringen kann. Beides ist unabhängig davon, ob unser Gebäude per Kabel oder Funk gesteuert wird.

Wir müssen sowieso den Internetrouter mit einem sicheren Passwort und das WLAN mit aktuellen Verschlüsselungsverfahren schützen. Sollte Ihr WLAN Router älter als 8 Jahre sein und WPS nicht unterstützen, dann tauschen Sie ihn umgehend aus!

Das *Bundesamt für Sicherheit in der Informationsverarbeitung* (BSI) arbeitet an einer technischen Richtlinie (TR) zur Sicherheit von Routern für den privaten Einsatz. Diese sollen zum Zeitpunkt der Auslieferung bereits sicher konfiguriert sein. „Securfity by default and by design" heißt es. 2018 soll diese Technische Richtlinie empfehlnden Charakter in Deutschland erlangen. Es soll auch ein Prüfzeichen geben, an dem Sie sich als Verbraucher orientieren können.

Der Bundesverband *SmartHome Initiative Deutschland e.V.* hat zusammen mit der *VdS GmbH* und dem *Landeskriminalamt Nordrhein-Westfahlen* eine Bürgerbroschüre und eine umfangreiche Dokumentation für Handel, Handwerk und Hersteller entwickelt.

Dies ist der QR-Code zum Download der SmartHome-Broschüre für Bürger.

Dies ist der QR-Code zum Download der Broschüre für Handel, Handwerk und Hersteller. Informieren Sie Ihre Handwerker darüber.

Bei dieser Aussage werden oft Äpfel und Birnen verglichen. Ein guter konventioneller Dimmer kostet um die 85,00 Euro, ein smarter Funk-Dimmaktor zum Einbau in den Schaltschrank (Neubau) kostet sogar deutlich weniger. Beim Einbau in eine Unterputz-Wanddose (Nachrüstung / Umbau) herrscht in etwa Preisgleichheit. Bei den smarten Produkten kommt gegebenenfalls noch ein Wandtaster zur Bedienung hinzu. „Gegebenenfalls" deshalb, weil nicht unbedingt die „unsmarte" Installation mit vielen Wandschaltern nachgebaut werden muss. Viele heutige Lichtschalter und Rolloschalter werden Sie künftig nicht mehr brauchen, weil Ihr Haus die Rollos fährt und das Licht automatisch richtig einstellt. Zur seltenen individuellen Änderung kann dann das SmartPhone oder das „Haus-Tablet" dienen. Also nicht Position für Position „unsmart" gegen „smart" bzw. Funk vergleichen, sondern Funktion gegen Funktion. Dann werden Sie feststellen, dass Funk eben nicht teurer ist.

Eine weitere Ursache für den Funk-Preisvorteil ist die Tatsache, dass weniger Kabel benötigt werden. Konventionelle Lichtschalter aber auch (Kabel-) Bus-Lichttaster benötigen Kabel, Funk nicht. Dabei liegt das Geld nicht im Meterpreis des Kabels verborgen, sondern in der Arbeitszeit für das Wände aufschlitzen, Kabel einlegen und zugipsen. Der Elektrohandwerker kalkuliert seinen Lohn oft nach „Metern verlegter Leitung". Es ist verständlich, dass er Funkschalter deshalb nicht so gern mag.

Das Internet ist ein Segen. Es bietet uns unendliche Informationsvielfalt in Sekunden. Zugegeben, da ist auch viel Müll dabei, doch das ist wie im realen Leben auch. Man muss lernen, nützlich von unsinnig oder sogar gefährlich zu unterscheiden.

Unser smartes Heim kann uns über das Internet informieren, „wie es ihm geht" und was alles zuhause so los ist. Temperaturen, sich plötzlich öffnende Fenster und Türen, dass gerade jemand an der Tür geklingelt hat und vieles mehr. Hier wird das Haus bzw. seine SmartHome-Zentrale aktiv und sendet ins Internet hinein und dieses sendet dann weiter zu uns aufs Handy oder PC. Der umgekehrte Weg bedeutet, dass wir uns aus dem Internet heraus Zugang zum SmartHome Controller verschaffen und Daten abfragen oder in Abläufe eingreifen. Das bedeutet, wir wollen Licht auch aus der Ferne schalten, Rollos steuern oder die Heizung beeinflussen.

Der erste Weg ist sicherheitstechnisch unkritisch, beim zweiten Weg öffnen wir einen Zugang zum „Allerheiligsten", der Gebäude-Zentraler. Dies könnte ein Angriffspunkt für Hacker sein, wenn wir bzw. unser Systemintegrator nicht sorgfältig bei der Konfiguration des Netzwerks und seiner Komponenten gewesen sind.

Überlegen Sie deshalb, ob Sie steuernd eingreifen, oder sich nur von Ihrem Haus informieren lassen wollen. Preislich macht das übrigens keinen Unterschied.

Die Basisinfrastruktur im SmartHome ist das lokale Netzwerk LAN. Der Datenverkehr im LAN folgt dem Internet-Protokoll (IP). Dieses Protokoll verstehen heute nahezu alle technischen Systeme im Haus, entweder selbst direkt oder über einen Übersetzer, dem so genannten Gateway. Das LAN sorgt also für den schnellen und sicheren Datenaustausch aller Systeme im Haus. Die Verbindung von LAN zum Internet besorgt der so genannte Router. Er ist oftmals auch gleichzeitig die Telefonanlage. Bekannter Vertreter dieser „Zunft" sind die Fritz-Box, der Speedport der Telekom oder die EasyBox von Vodafone.

An den Router werden als Internet-Zugang angeschlossen:

❑ Telefonleitung vom Provider oder
❑ Kabel-TV.

Von ihr weg gehen die LAN-Kabel zu den einzelnen Geräten wie:

❑ SmartHome-Zentrale
❑ IP-Kamera
❑ Smart-TV
❑ PC
❑ Philips Hue
❑ Sonos-Lautsprecher
❑ und vieles mehr.

Es ist deswegen klar, dass dieser Router einen strategisch wichtigen Platz im Haus braucht. Es ist auch klar, dass die genannten Geräte mit LAN-Anschluss im ganzen Haus verteilt stehen. Deshalb gibt es hier nur eine Empfehlung: *LAN gehört in jeden Wohnraum*!

Deshalb haben die Industrie, das Handwerk und die Wohnungswirtschaft im März 2014 eine gemeinsame Erklärung unterschrieben:

Gemeinsame Erklärung von Industrie, Handwerk und Wohnungswirt-
schaft zur zeitgemäßen informationstechnischen Infrastruktur im
Neubau und bei Kernsanierung anlässlich des achten nationalen IT-
Gipfels der Bundesregierung in Hamburg

Bei konsequenter Umsetzung der Breitbandstrategie der Bundesregierung sollen bis 2014 bereits für 75 Prozent der Haushalte Anschlüsse
mit Übertragungsraten von mindestens 50 Mbit pro Sekunde zur Verfügung stehen mit dem Ziel, solche hochleistungsfähigen Breitbandan-
schlüsse möglichst bald, bis 2018, flächendeckend verfügbar zu haben.
Für eine durchgängige Breitbandnutzung reicht die reine Versorgung
des Netzabschlusspunktes im Haus nicht aus, vielmehr muss eine
breitbandige Infrastruktur auch innerhalb der Wohngebäude in jeder
einzelnen Wohnung und idealerweise auch in jedem einzelnen Raum
verfügbar sein. Es ist das erklärte Ziel der in der Fokusgruppe Haus-
und Heimvernetzung beteiligten Unternehmen und Verbände, hierfür
die technologischen Voraussetzungen für alle Neubauprojekte und
Kernsanierungen in Deutschland zu schaffen. Ein weiteres Ziel ist,
durch intensive Öffentlichkeitsarbeit über das Thema „Haus- und
Heimvernetzung" zu informieren und die an Neubauten und Kernsanierungen Beteiligten dafür zu sensibilisieren. Nur so lässt sich nach-
haltig eine moderne Infrastruktur für das digitale Leben, das Smart
Home und das „Internet der Dinge" realisieren.

Konkret bedeutet dies die Umsetzung folgender Maßnahmen und
bestehender Normen bei Neubauten und Kernsanierung:
Bei einer breitbandig erschlossenen Liegenschaft - eines oder mehre-
rer Gebäude mit Mehrfamilienhäusern bzw. gemischter Nutzung (wie
z.B. Büroräume, Kanzleien oder Arztpraxen) - muss zur Wahrung der
Durchgängigkeit der Datendienste eine entsprechende Hausverkabe-
lung auch unabhängig von der Zuführungsinfrastruktur realisiert sein.

Damit wird sichergestellt, dass die Infrastrukturbetreiber eine einheitliche Netzinfrastruktur vorfinden und dass die Nutzer auf eine zukunftssichere IT-Versorgung zugreifen können. Innerhalb der Wohnung, der Gewerbeeinheit oder des Einfamilienhauses hat die Verteilung der Datendienste in alle Nutzräume {und ggf. Technikräume) mit einer anwendungsneutralen Kommunikationskabelanlage zu erfolgen, die sowohl für aktuelle als auch für künftige Bedürfnisse eine einheitliche Infrastruktur (analog zur Versorgung mit Elektrizität, Wasser und Heizung) sicherstellt. In jedem Fall sind gängige Lehrrohre vorzusehen. Eine derartige Kommunikationskabelanlage kann nicht nur für IT-Zwecke genutzt werden, sie steht auch allen anderen Applikationen zur Verfügung, die z.B. für SmartHome-/Smart-Meter-Funktionalität oder für die Gebäudeautomation benötigt werden. Die detaillierte Ausführung zur Installation einer strukturierten Verkabelung kann nach DIN EN 50173-4 (VDE 0800-173-4) geplant und nach DIN EN 50174-2 (VDE 0800-174-2) in Leerrohren installiert werden. Dabei können für die Signalübertragung sowohl koaxiale Kabel, symmetrische Kupferleitungen, als auch Lichtwellenleiter zum Einsatz kommen. Ergänzend kann die Signalverteilung innerhalb der Gebäudeeinheit auf der vorhandenen Infrastruktur aufsetzend auch per Funk vorgenommen werden.

Was bedeutet das nun für Sie als potentiellen Bauherren?

1. Lassen Sie von einem zentralen Punkt – dem Router – in jeden Raum ein LAN-Kabel legen. Mein Vorschlag, gleich Doppelkabel verwenden. Gleicher Aufwand und zwei Anschlüsse.

2. Verwenden Sie LAN-Kabel der Kategorie 7, dann sind Sie auch in der Zukunft auf der sicheren Seite, was Nutzband-

breiten betrifft. Alternativ das leichter zu verlegende Kategorie 5e-Kabel verwenden.

3. Nutzen Sie WLAN ausschließlich für bewegliche Geräte wie Smartphone, Tablet und E-Book-Reader

4. Der beste Platz für den Router und ggf. nachgeschaltete Netzwerkswitches ist der Elektroschaltschrank im Technikraum. Sprechen Sie mit Ihrem Elektroinstallateur darüber. Der zweitbeste Platz ist ein zentraler Raum in der Mitte des Gebäudes, der aber bequem zugänglich sein sollte, beispielsweise eine Abstellkammer oder der Hauswirtschaftsraum.

Die Abbildung zeigt ein Doppel- LAN-Kabel der bevorzugten Kabel-Kategorie 7

Abbildung zeigt typischen Router mit Anschlüssen für LAN, WLAN, Telefon (Kabel) und DECT (Schnurlostelefone). Quelle AVM, FRITZ!Box.

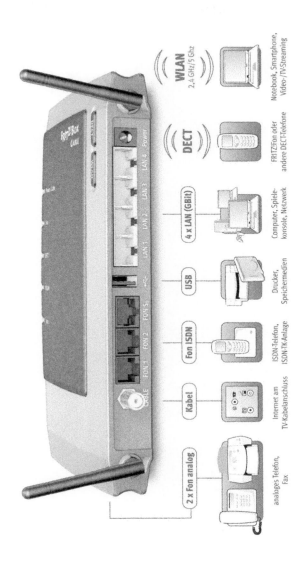

20.1 Generelles

Ich werde Ihnen in diesem Kapitel u.a. auch einige SmartHome Systeme etwas ausführlicher vorstellen. Falls Sie einen Handwerker beauftragen wollen, wäre das eigentlich überflüssig, denn Sie sind ja eher an den Funktionen interessiert und nicht daran, wie etwas im Detail funktioniert. Das wäre die Aufgabe des Handwerks. Leider versuchen einige Anbieter, jedes Kundenproblem immer mit dem gleichen Werkzeug zu lösen. Das führt zu viel zu teuren Kompromisslösungen.

Falls Sie Ihr Haus selbst smart machen möchten, sind die folgenden Ausführungen natürlich sehr sinnvoll. Ich möchte Ihnen mit diesem Kapitel helfen, mehr zu wissen, als der normale Bauherr. Damit sind Sie dann den Fachleuten nicht völlig ausgeliefert und können die angebotene Lösung hinterfragen.

Legen Sie gemeinsam mit dem Elektrohandwerker und / oder dem Architekten den Ort fest, wo der Internetrouter montiert werden soll. Also wo ist der in der DIN-Norm angesprochene „Zentrale Ort". Lassen Sie von dort aus Kat7 (oder Kat5e) LAN-Kabel in jeden Raum legen. Bitte unbedingt auch die Küche und den Hauswirtschaftsraum einbeziehen. Dorthin, wo Sie - vielleicht auch erst später - eine IP-Kamera aufhängen wollen, lassen Sie bitte ebenfalls ein LAN Kabel legen. Falls Sie das für derzeit übertrieben halten, dann wenigstens Leerrohre für eine spätere Nachverkabelung. Preislich ist der Unterschied zwischen dem verlegten Kabel und einem Leerrohr übrigens nicht wirklich relevant. Teuer sind eigentlich nur die LAN-Anschlussdosen.

Sie können getrost auf die Telefonverkabelung verzichten. Die beiden Adern a + b im analogen Telefonkabel oder die Drähte im ISDN Kabel sind eine Untermenge des LAN-Kabels. Sie bekommen also ein Netzwerk für alle multimedialen Anwendungen. Übrigens baut die Deutsche Telekom das analoge Telefonnetz und das ISDN-Netz zurück. Es wird künftig nur noch ein einziges Netzwerk geben: Das Internet bestehend aus Glasfaser und ein paar Kupferleitungen.

Und wenn Sie in Ihrem Baugebiet schnelles Internet haben (50 Mbit/Sek. aufwärts) können Sie statt Kabel-TV oder Sattelitenempfang auch auf „Telekom Entertain" oder Wettbewerbsprodukte setzen. Dann kommt auch das Life-TV über das Internet und natürlich über das LAN. Auch falls Sie sich später dann doch für Satellitenempfang entscheiden: Es gibt inzwischen sehr gute Sat-Receiver, die nicht am TV-Gerät sondern in der Nähe der Sat-Schüssel installiert werden und das Sat-TV-Signal in IP umwandeln und über das LAN verteilen.

Falls Sie sich gar nicht entscheiden können, hilft Ihnen das universelle Angebot von HomeWay. Das *HomeWay* System besteht aus einem universellen Kabel, dass alles kann. An den HomeWay-Anschlussdosen in den Räumen entscheiden Sie, was Sie dort alles an Steckern brauchen. Einfach genial und zukunftssicher, aber eben auch etwas teurer.

Der QR-Code zeigt auf die Bauherrenberatungsseite von HomeWay. Darunter Installationsdosen-Einbauten je nach Notwendigkeit.

- ❏ Sie haben bereits niedergeschrieben, welche Arbeiten Ihr SmartHome für Sie und Ihre Familie leisten soll.
- ❏ Sie haben Prioritäten vergeben.
- ❏ Denken Sie noch nicht über Lösungsmöglichkeiten nach.
- ❏ Schreiben Sie nun die so genannten Szenen auf.
  - o Was soll alles passieren, wenn sie abends zu Bett gehen?
  - o Was soll am Morgen passieren?
  - o Was soll bei Abwesenheit passieren?
  - o Was passiert bei Erkennung eines Einbruchs?
  - o Was passiert bei CO_2-, CO- oder Wasser-Alarm?
- ❏ Wollen Sie den Garten einbeziehen?
  - o Rasenbewässerung
  - o Tröpfchenbewässerung von Bäumen, Büschen und Stauden
  - o Automatischer Rasenmäher
- ❏ Wollen Sie Ihr Haus aus der Ferne
  - o nur überwachen
  - o oder auch Steuern
- ❏ Gibt es Sonderwünsche wie Sauna, Pool, Teich, Aquarium

Schreiben Sie so viele Details wie möglich auf. Erst wenn das Anforderungspapier besteht, beschäftigen wir uns mit der Hardware und Software.

20.3 Neubau

Technisch bietet ein Neubau die Möglichkeit, jedes System einzusetzen. Folgende kabelgebundenen SmartHome Systeme sind marktführend und bieten sich an (Auszug):

- KNX
- LCN
- Busch free@home
- Digitalstrom
- Rademacher HomePilot
- Speicher-Programmierte Steuerungen (SPS) verschiedener Hersteller, z.B. Wago, Beckhoff, Loxone, COMEXIO, etc.

KNX ist das Standard-System des Deutschen Elektrohandwerks. Es ist zuverlässig, wird von sehr vielen Herstellern und Marken unterstützt und ist international standardisiert. Allerdings ist es vergleichsweise teuer in der Hardware und der Installation bzw. Programmierung. KNX kennt als dezentrales System keine SmartHome-Zentrale. Vielmehr sind die Sensoren und Aktoren mit Elektronik ausgestattet, um miteinander zu kommunizieren. Derzeit bietet die Datenübertragung zwischen den Komponenten keine Sicherheit durch Verschlüsselung. KNX hat zwar das System Secure KNX vorgestellt und zugesagt, dass ab 2018 entsprechende Produkte von diversen Herstellern lieferbar sein werden. In jedem Fall müssen Sie darauf achten, dass das KNX-Bus-Kabel an keiner Stelle von außerhalb des Gebäudes „anzapfbar" ist. Sollte sich ein sachkundiger Einbrecher Zugang zum meist grünen Buskabel verschaffen, kann er die Komponenten des Busses manipulieren.

LCN kommt ebenfalls aus Deutschland und hat sich international bewährt. Gleiche Aufgabenstellungen lassen sich für 70% vielleicht sogar nur 50% des KNX-Preises realisieren. Der Grund liegt beispielsweise im Wegfall eines eigenen Kabelnetzwerkes. LCN nutzt eine freie Zusatzader der 230 Volt-Verkabelung als Datenkabel. Sollten Sie Ihr Gebäude nicht sofort, sondern später vielleicht sogar Schritt für Schritt smart machen wollen, bietet sich LCN als besonders geeignet an. Das einzige was Sie sofort leisten müssen ist: Grundsätzlich alle Stromkabel im Haus als 4- oder 5 adriges Kabel ausführen und anstelle der normalen flachen Schalterdosen die tiefen Elektronikdosen verwenden. Die Mehrkosten für die SmartHome Vorbereitung belaufen sich dann auf nur 450 – 550 Euro für ein typisches Einfamilienhaus. Auch LCN benötigt keinen Zentralrechner, da die einzelnen Mikrocontroller über die notwendigen Logikbausteine verfügen. LCN und KNX verfügen beide über Gateways zu einer Vielzahl von Fremdsystemen.

Busch-free@home

Dieses relativ neue SmartHome System stammt von Bush-Jäger. Es ist für den Neubau von Einfamilienhäusern entwickelt worden und nicht so komplex wie KNX. Es verwendet vorzugsweise Kabel, Funk ist für die Nachrüstung von Funktionen ebenfalls nutzbar. Es gibt den zentralen Punkt, die SmartHome-Zentrale, hier „System-Access-Point" genannt. Busch-free@home wird über eine App auf dem Smartphone konfiguriert und bedient und bietet unter anderem eine SO-

NOS- und ein Alexa-Integration. Das Foto zeigt einen Sensor / Jalousie-Aktor zum Einbau in eine Unterputzdose.

Speicher-Programmierte Steuerungen (SPS) kommen aus der Industrieautomation. Sie besitzen im Gegensatz zu KNX und LCN einen zentralen Rechner. Dieser empfängt alle Sensorsignale, kennt die vereinbarten Regeln und steuert die Aktoren entsprechend. Die SPS ist sehr betriebssicher. Die Preise variieren je nach Hersteller erheblich.

Das Foto zeigt einen Loxone Miniserver (SmartHome-Zentrale) eingebaut in einen Schaltschrank. (Foto Loxone Pressebild)

Auch im Neubau lassen sich Funk-basierte Systeme einsetzen. Die großen Fertighaushersteller wie Baufritz und WeberHaus tun genau dies. Durch die freie Platzierung der kabellosen Sensoren gewinnen sie Flexibilität. Die wichtigsten Systeme besprechen wir im folgenden Kapitel.

Digitalstrom

Digitalstrom ist eine Deutsch-Schweizer Entwicklung und nutzt das vorhandene Stromnetz. Es sind keine zusätzlichen Leitungen erforderlich. Das ist genial. Allerdings muss der Aktor, also das Schaltelement hinter der Steckdose oder dem Wandtaster in der Installationsdose untergebracht werden. Diese Aktor-Bausteine sehen aus wie etwas groß geratene Lüsterklemmen (Foto). Tiefe Installationsdosen sind dafür eine große Hilfe. Beim Neubau und einer Generalsanierung stellt das kein Problem dar, bei der Nachrüstung im Bestand allerdings manchmal schon.

Beim Neubau sollten Sie also große (tiefe) Dosen vorsehen. Zusätzlich müssen auch noch Digitalstrom-Elemente im Zählerschrank bzw. Schaltschrank untergebracht werden. Diesen also nicht zu klein wählen. Mit Digitalstrom erhalten Sie ein umfangreiches, hoch funktionales SmartHome System, das keine Wünsche offen lässt. Alexa, Sonos, Philips Hue, etc. werden selbstverständlich unterstützt.

Rademacher HomePilot

Die Firma Rademacher kenne Sie vielleicht als Hersteller von Gurtwicklern und Rohrmotoren für Jalousien. Das deutsche Unternehmen hat sich vor einigen Jahren entschieden, das gesamte SmartHome Portfolio anzubieten. Mit dem Rademacher HomePilot steuern Sie Ihre Haustechnik ganz einfach per Smartphone, Tablet oder PC: Rollläden, Raffstore, Markisen, Beleuchtung, Heizkörper, Tore, Kameras u.v.m.. Von Zuhause, oder wenn Sie wollen, in Verbindung mit Ihrem Internetrouter, von überall auf der Welt. Als SmartHome Zentrale dient eine kleine Box. Sie sind für den Betrieb also nicht auf das Internet angewiesen. Als Visualisierung kann auch das TV-Gerät dienen. Rademacher bietet eine grundsolide Technik und ein Netzwerk an ausgebildeten SmartHome Technikern für die Installation und die Pflege bzw. Weiterentwicklung Ihrer Installation. Natürlich lässt sich auch Alexa verwenden.

Beim Umbau haben wir nicht die ganze Gestaltungsfreiheit wie beim Neubau oder der Kernsanierung. Kabel-gestützte SmartHome-Systeme können deshalb oftmals nicht zum Einsatz kommen. Macht nichts, denn die modernen Funk-Systeme sind nicht weniger leistungsstark. Folgende Systeme bzw. Technologien sind in Deutschland marktführend:

- EnOcean
- ZigBee
- Z-Wave
- HomeMatik
- Devolo
- RWE-SmartHome / innogy

Der Name *EnOcean* steht für die Begriffe Energie und Ozean. Er soll bedeuten, dass das System die elektrische Betriebsenergie für die Sensoren aus dem Energie-Ozean um uns herum, bezieht, also keine Batterien benötigt, wie alle anderen Funksysteme. EnOcean-Sensoren wandeln Licht, Bewegung und Wärme in elektrischen Strom um und nutzen diese zur Funkübertragung der Sensor-Messwerte. EnOcean wurde in Deutschland entwickelt und wird international von mehreren hundert Herstellern unterstützt. Es ist wie KNX durch eine ISO-Norm standardisiert. Sensoren lassen ich dorthin platzieren, wo sie für ihre Funktion optimal angebracht sind, unabhängig von Kabeln.

Aktoren, also die Bausteine, die elektrische Verbraucher schalten, Lampen dimmen und Jalousien fahren, haben sowieso immer Kabelanschluss. EnOcean Aktoren gibt es in der Bauform für dezentrale Montage, beispielsweise in der Schalterdose in der Wand oder als so genannte Reiheneinbauelemente für den Schaltschrank. EnOcean-Komponenten kann man direkt „anlernen". Das bedeutet, dass man einen Taster/Sensor an einen Aktor/Lichtdimmer anlernt. Es ist aber sehr sinnvoll, alle Sensoren und alle Aktoren an eine SmartHome-Zentrale anzulernen, damit diese die Komfortfunktionen leisten kann, die bei direktem Anlernen nicht möglich wären.

Verglichen mit KNX, LCN und SPS bietet EnOcean bei Funktionsgleichheit das preisgünstigste Angebot. Ursachen sind der Wegfall eines Teils der Kabelverlegung (für Sensoren) und der schnelleren Realisierung. Verglichen mit den anderen Funk-Systemen ist EnOcean die teuerste Lösung.

ZigBee ist ein Industriestandard zur drahtlosen Gebäudeautomation für Kurzstrecken im Bereich von 10 bis 100 Meter. Der Standard ist eine Entwicklung der ZigBee-Allianz, die Ende 2002 gegründet wurde. Zu ihr gehören mehr als 230 Unternehmen. ZigBee ist in den USA weit verbreitet, findet aber inzwischen auch in Europa viele Freunde. Zig-Bee Sensoren benötigen Batterien, diese sollen bei neuester Technik allerdings bis zu sieben Jahren halten. Miele setzt bei seiner neuen Generation von vernetzten Produkten ebenso auf ZigBee, wie die Deutsche Telekom mit Qivicon oder Philips bei Hue. Die meisten Sensoren und Aktoren sind preislich günstiger als EnOcean-Produkte.

Z-Wave ist ein drahtloser Kommunikationsstandard, der von Chip Hersteller Sigma Designs und der Z-Wave Alliance für die Heimautomation entwickelt wurde. Die Funkkommunikation ist auf geringen Energieverbrauch und hohe Kommunikationssicherheit optimiert. Weltweit über 200 verschiedene Hersteller nutzen den Z-Wave Standard zur Heimautomation. Dank des Standards können die verschiedenen Geräte der Hersteller mit einander kommunizieren. Ein bekannter Unterstützer von Z-Wave ist der Tastatur- und Fernbedienungshersteller Logitech. Die neue *Harmony* Fernbedienung beispielsweise kann zusammen mit dem Logitec Hub neben der Unterhaltungselektronik auch Gebäudefunktionen per Z-Wave bedienen. Preislich ist Z-Wave mit ZigBee vergleichbar. Sicherheitsexperten benennen Z-Wave als das zur Zeit sicherste Funkprotokoll. Z-Wave bildet ein so genanntes Mesh-Netzwerk. Jedes Gerät mit Z-Wave, jeder Sensor und jeder Aktor leiten alle empfangenen Telegramme, auch die nicht für sie selbst bestimmten weiter. Dadurch entsteht ein Maschennetz. Das Telegramm sucht sich also den Weg vom Absender zum Empfänger über mehrere Stationen. Fällt eine Station aus, konfiguriert sich das Netz automatisch neu, sodass Telegramme mit sehr hoher Wahrscheinlichkeit auch in schwierigen Gebäuden ankommen.

EQ3-HomeMatic kommt aus dem deutschen Technikversandhaus ELV. Es ist eine preisgünstige, allumfassende Produktfamilie in erster Linie für die Zielgruppe der Selbermacher. HomeMatic bietet für fast alle Situationen des häuslichen Lebens eine praktische Lösung: Das Home-Control-System erleichtert den Alltag und übernimmt wiederkehrende Vorgänge im Haus, wie das Einfahren der Markise, das Schließen der Rollladen oder das Öffnen des Garagentors. Alles kann bequem über die Zentrale, per Fernbedienung, über die PC-Software oder per Smartphone gesteuert werden. Dabei haben Sie die Möglichkeit, verschiedene Anwendungen miteinander zu kombinieren. HomeMatic-Produkte sind preiswert und über den ELV-Versand oder Conrad zu beziehen.

Devolo

Das Aachener Unternehmen Devolo kennen Sie vermutlich als Lieferanten von Adaptern für „Internet über das Stromnetz", PowerLine Communication, oder auch kurz dLAN genannt. Devolo bietet unter dem Namen „devolo Home Control" ein sehr gutes nachrüstbares System an. Es besteht aus einer Zentrale, Funk-Sensoren – übrigens mit Z-Wave Funk, Rauchmelder, Schaltsteckdosen, Raumthermostate, Heizkörperventile, Wandtaster, Luftfeuchtemesser, Wassermelder, Alarmsirene, Bewegungsmelder und vielen weiteren Sensoren und Aktoren. Das System ist für den Do-It-Yourself-Heimwerker konzipiert. Es lässt sich durch viele Produkte, die nicht von devolo stammen, aber Z-Wave zertifiziert sind, ergänzen.

Das Internet ist zum Betrieb nicht notwendig. Devolo Home Control ist eine gute Wahl, wenn sie selbst Hand anlegen möchten.

Innogy, auch bekannt als RWE-SmartHome stellt eine Kombination aus Hardware und Software dar. Die innogy Hardwarekomponenten lassen sich ausschließlich mit der mitgelieferten Software nutzen. Die Komplettlösung wird von innogy, einer Tochter des Stromkonzerns RWE vertrieben. Der Anspruch an die Entwicklung des Systems war, ein leicht verständliches Produkt für wenig Geld auf den Markt zu bringen, dass von Jedermann installiert werden kann und die meisten Anwenderwünsche realisiert. Daneben sollte das System vollständig verschlüsselt sein. Die Ziele wurden zweifellos erreicht.

Es stehen alle wichtigen Sensoren beispielsweise für Bewegung, Temperatur und Luftfeuchte zur Verfügung. Innogy nutzt Funk zur Datenübertragung. Die Sensoren benötigen allerdings Batterien. Das innogy-Funksystem ist zu keinem anderen System kompatibel. Aktoren für Licht, Heizkörper etc. stehen natürlich zur Verfügung, ebenso Dimmer-Zwischenstecker zum Funkbetrieb von Leuchten. Eine Besonderheit ist die RWE-SmartHome Zentraleinheit. Diese Box stellt die Verbindung einerseits zu den Sensoren und Aktoren und andererseits zum Internet her. Die innogy-Zentrale schafft auch sichere Verbindungen zu SONOS, Alexa, diversen Heizungsanbietern und über das Lomonbeat-Protokoll auch zu Gardena Gartenprodukten. Mit ca. 245,00 Euro ist die RWE Lösung sehr günstig im Einstieg. Sie ist deshalb auch für kleine Objekte und Mietwohnungen geeignet. Alle Sensoren sind dank Funk kabellos, die meisten Aktoren können in die Steckdose gesteckt werden. Die Programmierung ist denkbar einfach. Neue Sensoren und Aktoren lassen sich allein durch das Einsetzen der Batterien anlernen. Der Benutzer zieht die am PC-Bildschirm angezeigten neuen Geräte in den entsprechenden Raum und verknüpft dort beispielsweise den Fenster-Magnetschalter und den Raumthermostaten mit dem

Heizkörperventil. Heizprofile aus Temperatur und Zeit lassen sich sehr einfach einstellen. Das System gibt automatisch sinnvolle Hinweise zur Optimierung. Nach der Programmierung wird der PC nicht mehr benötigt. Das ursprünglich sehr eingeschränkte System wächst kontinuierlich und entwickelt sich zu einem umfassenden SmartHome-System.

Fazit

Funk ist auch im Neu- und beim Umbau eine gute Wahl. Sie vermeiden Kabel und gewinnen Flexibilität.

Wenn Sie Batterien nicht mögen, ist EnOcean die richtige Technologie für Sie. Damit befinden Sie sich in bester Gesellschaft, denn auch WeberHaus, Baufritz und viele andere haben sich so entschieden.

Wenn die Anschaffungskosten ein entscheidender Faktor sind, ist sowohl ZigBee als auch Z-Wave eine gute Wahl. Innogy und HomeMatik sind im niedrigen Preissegment zu finden.

Nur zu oft wird der Häuslebauer-Albtraum war: Die Baukosten steigen und sprengen das ursprüngliche Budget. Da hilft nur Sparen. Leider fällt dem Sparzwang oftmals die smarte Gebäudetechnik zum Opfer. Das ist kurzsichtig gedacht und muss gar nicht sein. Das System LCN (Local Control Network) des Hannoveraner Unternehmens Issendorff KG bietet eine perfekte Lösung des Dilemmas: Kabelgebundene Sensoren und Aktoren und doch fast kostenneutral in der Vorrüstung.

Das Local Control Network LCN ist schon seit mehr als zehn Jahren auf dem Markt und weltweit bei zehntausenden kleinen und auch sehr großen Gebäuden im Einsatz. Die LCN Entwickler haben verstanden, dass die wirklichen Baukosten eines Bussystems nicht im Kabel, sondern in den zusätzlichen Arbeitsstunden für das Verlegen zusätzlicher Kabel liegen. Damit macht LCN ein Ende. Es nutzt einfach eine Ader des 230 Volt-Installationskabels als Datenleitung. Anstelle der normalerweise 3-adrigen Leitung (Leiter = schwarz, Neutralleiter = blau, Schutzleiter = grün-gelb) wird vom Installateur ein 5-adriges „NYM" Kabel verlegt. Eigentlich würde auch 4-adriges reichen, doch das ist teurer, als eine 5-adrige Leitung. Die Arbeitsanweisung an den Elektroinstallateur lautet also: *Immer und ohne Ausnahme 5-adrige NYM-Leitungen verlegen und eine Ader - beispielsweise die weiße - im gesamten Haus miteinander verbinden.* Das ist alles. Die Mehrkosten für teureres 5-adriges Kabel betragen ca. 450,00 Euro für ein Einfamilienhaus. Die Mehrkosten für das Verlegen: 0,00 Euro. Denn es ist dem Kabelverleger völlig egal, wieviel Adern ein Kabel besitzt.

Die 4. Ader ist die Datenader. Auf ihr werden nur Daten übertragen, kein Strom. Sie ist bei LCN in jeder Abzweigdose vorhanden und verbunden. Damit sind Daten, die auf ihr übertragen werden, überall vorhanden, wo im Haus Strom ist. Also an jeder Leuchte, an jeder Steckdose, an jedem Lichtschalter, überall. Die so gewonnene Flexibilität macht eine detaillierte Planung der Bus-Verkabelung - bereits in der Bauphase - überflüssig.

LCN arbeitet dezentral und benötigt keinen zentralen Rechner. Das heißt, die „Intelligenz" ist verteilt und liegt in den kleinen schwarzen Controllern, die dort eingebaut werden, wo es etwas zu messen oder zu schalten gibt. Auch wenn diese Controller recht klein sind, sie müssen in der Wand untergebracht werden. Deshalb ist es ratsam, anstelle der üblichen kleinen Wandeinbaudosen tiefe „Elektronikdosen" zu verwenden. Die Mehrkosten bewegen sich pro Dose im Cent Bereich. Mit der 4. Ader und den großen Elektronikdosen ist ein Neubau oder eine Sanierungsobjekt perfekt auf die smarte Zukunft vorbereitet.

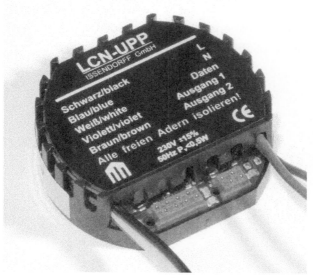

Die Abbildung zeigt die „Intelligenz" des LCN-Systems, einen Controller, der in eine Unterputzdose eingebaut wird.

Möchte man - vielleicht ein paar Jahre später – die Jalousien intelligent fahren, zahlen sich die geleisteten Vorarbeiten aus. Der Elektroinstallateur ersetzt die konventionellen Rolloschalter durch passende Taster mit Elektronik-Schnittstelle und setzt in die vorbereiteten Dosen in der Wand je einen LCN Controller ein. Die Leitungen zum Rollomotor werden an diesen angeklemmt und ebenso die Taster. Die einzelnen Controller kommunizieren über die Datenader. Per Laptop programmiert der Elektroinstallateur nun die Controller.

Im Prinzip geht das so: Jeder Controller hat eine Adresse und lauscht an der Datenleitung. Kommt ein Datentelegramm mit seiner Adresse auf der Datenleitung vorbei, greift er es ab. Alle anderen Telegramme interessieren ihn nicht. Soll nun der Druck auf einen Taster am Controller „A" bewirken, dass der Motor am Controller „B" links herum läuft, sendet der Controller „A" ein Telegramm wie: „Auftrag an B, Ausgang-2 einschalten". So wächst die SmartHome-Lösung Schritt für Schritt, je nach Aufgabenstellung und Geldbeutel bis zu einem perfekt automatisierten Gebäude.

21 Drei Beispiel-Anwendungspakete

Mit den drei Beispielpaketen *SmartHome Basis, SmartHome Classic und SmartHome Advanced*, möchte ich Ihnen konkrete Vorschläge für Ihre Planung machen. Im Rahmen dieses Ratgebers musste ich eine Auswahl zwischen den vielen Systemen am Markt treffen. Selbstverständlich gibt es auch andere Realisierungsmöglichkeiten, die genauso sinnvoll sind. Wichtig ist, dass der von Ihnen beauftrage Handwerker gut damit umgehen kann.

Unabhängig vom jeweiligen Paket:

- ☐ Sternförmige LAN-Netzwerk-Verkabelung in alle Räume, wie bereits ausführlich beschrieben
- ☐ LAN-Anschlüsse auch dorthin legen, wo IP-Kameras montiert werden sollen.
- ☐ Video-Tür-Station, die das IP-Protokoll versteht.

SmartHome Basic ist das Einstiegspaket. Weniger als Smart Basic ist heute für einen Neubau oder eine Kernsanierung eigentlich nicht denkbar. Schließlich soll Ihr Haus auch noch in 20 Jahren werthaltig sein. Aufgabe des Basic-Paketes ist es „Budget-schonend" eine Basis für spätere Erweiterungen zu schaffen und einige smarte Basis-Funktionen von Anfang an bereitzustellen.

Meine Empfehlung:

Beauftragen Sie Ihren Elektro-Installateur eins der folgenden Systeme zu verwenden:

- ❏ Eltako Baureihe 14 (EnOcean)
- ❏ Jäger Direkt „Opus greenNet" (EnOcean)

Die beiden Systeme sind gleichwertig und werden im Schaltschrank als so genannte Reiheneinbauelemente zentral untergebracht. Sie unterstützen sowohl Kabel-basierte Schalter als auch Funk-Sensoren und Aktoren. Ihr Elektriker kennt alle drei Hersteller. Eine Planungshilfe finden Sie unter diesem QR-Code:

Verwenden Sie von Anfang an elektrisch angetriebene Jalousien bzw. Rollläden. Steuern Sie diese vom zentralen System aus, damit der Rauchmelder sie auch bei Gefahr hochfahren kann. Überlegen Sie, wo sie Rollo-Bedientaster benötigen und ob Sie mehrere Rollos zusammenfassen können. Lassen Sie dort Funk-Taster anbringen (evtl. kleben).

Setzen Sie in jeder Etage Ihres Gebäudes mindestens einen Funkrauchmelder ein. Gesetzlich muss das in jedem Schlafraum passieren.

Verwenden Sie in den Fluren und Dielen Schaltaktoren bzw. Dimmer. So können Sie im Panik- oder Brandfall die Fluchtwege automatisch beleuchten. Als Bedienungstaster werden wieder Funktaster verwendet. Sie sind damit in der Wahl des Anbringungsortes und in der Anzahl frei. Auch lässt sich der Ort jederzeit ohne Aufwand ändern, denn die Taster werden nur geklebt und haben keine Kabel. An der Haustür können Sie einen Taster „Gesamtes Licht Ein/Aus" und einen Taster „Alle Rollos Rauf/Runter" anbringen, wenn Sie möchten.

Für diesen Ausbau benötigen Sie KEINE SmartHome Zentrale und keinen Internetzugang. Sensoren und Aktoren werden direkt aneinander angelernt. Das ist für diese Funktionalität ausreichend.

Sie sind mit SmartHome Basic perfekt auf künftige Erweiterungswünsche vorbereitet und genießen von Anfang an den Vorteil einer zentralen Steuerung.

SmartHome Classic ist die nächste Erweiterungsstufe. Entweder als spätere Nachrüstung von „Basis" oder auch von Anfang an.

Meine Empfehlung:

Beauftragen Sie Ihren Elektro-Installateur eins der folgenden Systeme zu verwenden:

☐ Eltako Baureihe 14
☐ Jäger Direkt Opus greenNet

Lassen Sie einen **Touch-PC** mit einer Diagonale von mindestens 17 Zoll und Microsoft Windows Betriebssystem installieren. Dieser PC sollte an einem zentralen, gut erreichbaren Ort - beispielsweise im Flur - in Augenhöhe montiert werden. Der PC benötigt (WiFi oder besser Kabel-) Netzwerk-Zugang und natürlich Strom.

Lassen Sie auf dem PC die SmartHome *Software myHomeControl* des Schweizer Herstellers BootUp installieren. Jäger Direkt hat diese Software als seine Standard-Software im Angebot. Falls Sie beziehungsweise Ihr Elektroinstallateur bei der Hardware auf Eltako gesetzt hat, muss er myHomeControl direkt von BootUp beziehen. Die Software dient der Steuerung, zur Realisierung von Komfortfunktionen, zur Visualisierung und damit Sie Ihr Haus auch per Handy überwachen und steuern können.

Neben der Steuerung der Jalousien und des Lichts in den Fluren beinhaltet das Classic-Paket die **Steuerung aller Leuchten**. Sie müssen entscheiden, welche Leuchten nur geschaltet und welche gedimmt werden sollen. Der Elektroinstallateur baut dann die entsprechenden Aktoren als Reiheneinbauelemente in den Verteilerkasten ein.

Als Komfortfunktion lässt sich nun per Software eine *Beschattungsfunktion* einrichten. Dazu wird eine passende Wetterstation (Multisensor) benötigt. Diese misst Licht von drei Seiten, Temperatur, Regen und Wind. Sie sollten in den zu beschattenden Räumen auch die Temperatur messen. Die Beschattungsfunktion sorgt nun dafür, dass die entsprechenden Räume nicht durch die Sonne überhitzt werden.

Eine so genannte *Astro-Funktion* fährt die Rollos in Abhängigkeit von Sonnen-Auf- und Sonnen-Untergang. Natürlich mit persönlichen Anpassungen, wie „Rollo hoch, eine Stunde nach Sonnenaufgang, aber spätestens um 07:30".

Nun lässt sich auch die Temperatur in einzelnen Räumen in Abhängigkeit von der Zeit regeln. Benötigt werden EnOcean-Funk-Raumthermometer und Stellantriebe. Verwenden Sie Heizkörper, werden die Stellventile am Heizkörper angesteuert. Verwenden Sie eine Fußbodenheizung so nutzen Sie dafür beispielsweise die modulare Eltako Heizkreis-Verteiler. Die Software myHomeControl sorgt dafür, dass die einzelnen Räume per *Zeit- und Temperaturprofil* immer so geheizt werden, wie Sie es wünschen, sparen inklusive.

Szenen sorgen bei diesem SmartHome- Paket für besonderen Komfort. Mit Fingertipp auf die Schaltfläche *„Gute Nacht"* schließen sich alle Rollläden, die Heizung geht in den Nacht-Spar-Modus und das Licht erlischt nach einer von Ihnen vorgegeben Zeit.

Die Szene *„Abendessen"* kann mit einem einzigen Befehl beispielsweise dafür sorgen, dass bestimmte Leuchten hell sind, andere ausgeschaltet oder gedimmt werden. Und natürlich können Sie auch die Jalousien so positionieren, wie Sie möchten.

Wenn Sie nun noch Kontakte, beispielsweise den *FTKE-rw* im Fensterrahmen, den *Magnetschalter* oder auch den *Funk-Fenstergriff* verwenden, bieten sich in Zusammenhang mit der Software weitere Möglichkeiten. So kann die Software alle so ausgestatteten *Fenster überwachen* und ihren Zustand anzeigen. Bei Änderungen des Zustands während Ihrer Abwesenheit sendet das Programm Ihnen eine Mail oder SMS. Die gleichen Fensterkontakte nutzen auch die **Rollo- und die Heizungssteuerung**. Ist beispielsweise eine Terrassentür nicht geschlossen, wird verhindert, dass das Rollo an dieser Tür herunterfährt. Das nennt man **Aussperrschutz**. Für die Heizungssteuerung bedeutet ein offenes Fenster Wärmeverlust. Sie wird daher den bzw. die *Heizkörper im entsprechenden Raum abschalten.*

Die Software visualisiert auch Ihre IP-Kameras und zeichnet Bilder und Videos auf.

Dies sind einige Beispiele, die sich mit dem Umfang SmartHome-Classic realisieren lassen. Die Software ist flexibel. Sie können später jederzeit – und nach einer Schulung ggf. auch selbst – Verbesserungen und Erweiterungen vornehmen. Sollte Ihr Elektroinstallateur zwar die Hardware einbauen wollen, mit der Software aber lieber nichts zu tun haben, kontaktieren Sie einen SmartHome Systemintegrator oder Sie mailen an info@bootup.ch.

21.3 SmartHome Advanced

Eigentlich ist das Paket SmartHome Classic schon sehr umfassend, aber es geht noch mehr.

21.3.1 Energiemanagement Photovoltaik

Erzeugen Sie selbst Strom, sollten Sie alles daran setzen, ihn möglichst auch selbst zu verbrauchen. Dabei hilft Ihr SmartHome auf Basis der genannten Pakete Basic und Classic.

Stromverbrauchszähler messen die Stromerzeugung und den Verbrauch des Hauses. Die Software myHomeControl vermeidet es in stromarmen Zeiten, bestimmte zeitunkritische Verbraucher einzuschalten und holt dies automatisch dann nach, wenn Strom im Überfluss bereitsteht. Sollten Sie sich für einen *Batteriespeicher* entscheiden, wird auch dieser zur Optimierung mit einbezogen. Ebenso ein Elektroauto, eine Poolheizung, Elektrospeicheröfen und sogar Hausgeräte, wenn Sie über eine entsprechende Schnittstelle verfügen (Beispielsweise Miele@home).

21.3.2 Consumer Electronic

Das Advanced Paket kann auch die *Unterhaltungselektronik* steuern. Dazu werden Infrarotsender verwendet, die genauso wie eine Fernbedienung, dem TV-Gerät, der HiFi-Anlage oder dem Beamer ihre Befehle übertragen. Die Steuerung lässt sich in Szenen integrieren. Eine Szene „Film-Abend" könnte wie folgt aussehen:

- ❑ Rollo runterfahren
- ❑ Licht auf 30 Prozent
- ❑ TV, Disc-Player und Soundsystem ein
- ❑ Heizung plus 2 Grad
- ❑ Telefon- und Türklingel abschalten

Diese Funktionen gehen übrigens mit allen TV- und HiFi-Geräten, sofern sie über eine Infrarot-Fernbedienung verfügen.

21.3.3 Türöffner

Wenn Sie möchten, dass Ihre Haustür aktiver Bestandteil ihres smarten Heims wird, muss der Türenbauer, die entsprechenden Antriebe einbauen. Ein Magnet-Öffner reicht nicht aus. Sie müssen wirklich abschließen und aufschließen können. Dazu gibt es entsprechende Motoren, die in die Tür eingebaut werden. Ein Tor-Aktor betätigt dann diese Motoren. Sinnvoll ist zumindest das automatische Verschließen beispielsweise mit der Szene „Gute Nacht". Zum Öffnen eignen sich das Handy, ein Fingerprint-Leser oder auch ein RFID-Leser.

Nachbemerkung

Auch SmartHome Advanced ist nicht das Ende der Möglichkeiten. Ab hier fallen Ihre Wünsche allerdings unter die Rubrik „Kunsthandwerk". Zur Realisierung müssen Sie den richtigen Handwerkspartner bzw. Systemintegrator finden und er muss sich für Ihr Projekt begeistern. Nun ja, und Sonderwünsche waren schon immer etwas teurer.

Wenn ich hier myHomeControl als Hersteller-unabhängige und Standards-übergreifende Software empfehle, dann aus eigener Erfahrung heraus. Alternativen dazu wären die Software AKKTOR, IP-Symcon, IO-Broker oder OpenHub.

22 Do-it-Yourself (DIY)

Natürlich können Sie Ihr neues Haus auch selber „smarten". Solche Systeme stehen den Handwerks-Systemen in nichts nach. Man braucht allerdings das notwendige Geschick, oder man kennt jemanden, der einen kennt, der das Geschick hat. Im Problemfall sollten die Helfer allerdings auch greifbar sein.

Als im Eigenheim nutzbare DIY-Systeme bieten sich an
- ☐ Schellenberg und "Smart Friends"
- ☐ Devolo
- ☐ WiButler
- ☐ Bosch
- ☐ Innogy

Alle Systeme setzen auf Funk. Alle Systeme sind nachrüstbar, also prädestiniert für einen schrittweisen Ausbau. Alle Systeme benötigen für den Betrieb das Internet nicht, lassen sich aber per Internet fernauslesen und bedienen. Alle Systeme bieten günstige Starterpakete im Internet und Handel. Alle Systeme sind nicht Handwerkers Lieblinge. Den WiButler gibt es in einer Ausbaustufe, die Handwerkern vorbehalten ist, weil dort gefährliche Funktionen (z.B. Rolloantrieb) möglich ist. Bosch bietet einen Handwerks-Installations-Service an, falls der Heimwerker sich überschätzt hat.

Die Firma *Schellenberg* ist bekannt als Lieferant von hochwertigen Produkten für Baumärkte. Rollomotoren, Gurtwickler und Garagentorantriebe mit Funk-Fernbedienung ist das Stammsegment. Inzwischen bauen die Siegener auch hervorragende Funk-Alarm-Fenstergriffe, schaltbare Steckdosen, Heizkörper-Stellantriebe, Lichtmodule und Funk-Lichtschalter. Und natürlich eine SmartHome-

Zentrale. Schellenberg hat aber nicht vor, das gesamte SmartHome Spektrum durch eigene Entwicklungen abzudecken, sondern setzt auf seine „Freunde". Schellenberg hat sich mit weiteren „Baumarkt-Lieferanten" zu den „Smart Friends" zusammengeschlossen. Das sind die bekannten Marken Abus, Paulmann und STEINEL. Abus kennt jedes Kind vom Fahrradschloss, denn Abus ist Sicherheitsspezialist. Smart-vest heißt die smarte Abus-Alarmanlage für ein sicheres Zuhause. Außen- und Innenkameras, Bewegungsmelder und Sirenen runden das Angebot ab. Das Unternehmen Paulmann ist spezialisiert auf Innen-leuchten. Von der LED-Kerzenleuchte namens Candela mit ZigBee-Funk

Einsetzen eines Rollo-Motors. Foto Schellenberg

über fernsteuerbare Design-Einbau-Leuchten und LED-Streifen bis zur ZigBee Kugel-Tischleuchte bietet Paulmann alles für gutes Licht im Wohnraum. Sensor-Spezialist Steinel ist die Profimarke für Bewegungsmelder und robuste Außenleuchten. Gemeinsam haben sie eine SmartHome Zentrale entwickelt, die neben Schellenbergs Funkprotokoll auch ZigBee und Z-Wave versteht und spricht. Die vier sind Marktführer in ihrem jeweiligen Segment. So kauft man als Kunde immer das kompromisslos beste Produkt und kombiniert es nahtlos mit den führenden Produkten der anderen. Alles unter einer Konfigurations- und Bedienungsoberfläche. Eine Anwendung für alles. Als Heimwerker bietet Ihnen das System „Smart Friends" eine langlebige und qualitativ hochwertige Alternative zum handwerklich gebauten SmartHome.

Der Fensterbauer / Rollladenbauer baut Schellenberg Rohrmotoren und Funk-Fenstergriffe ein. Sie sagen dem Heizungsmonteur, dass er die normalen, billigen Ventilsteller an den Heizkörpern nicht anbringen soll und geben ihm dafür die smarten Stellantriebe von Schellenberg. Als Außenleuchten verwenden Sie Steinel-Strahler und Bewegungsmelde. Beim Einzug setzen Sie Paulmann Leuchten oder in vorhandene Leuchten Paulmann Leuchtmittel ein. Das können Und alles selbst. Und zum guten Schluss lernen Sie die Geräte an die Smart Friend Zentrale an. Das wäre schon einmal ein guter Start. Erweiterungen sind jederzeit von Ihnen oder vom Handwerker machbar, beispielsweise die Abus-Anlage mit IP-Kameras.

Der Konzern *Bosch* bietet seit wenigen Jahren ein eigenes System an, dass für Selbermacher konzipiert wurde. Es bietet viele sinnvolle und gut designte Sensoren und Aktoren aus einer Hand und sogar eine intelligent Verbindung zur Heizkesselsteuerung der Bosch-Konzerntöchter Junkers und Buderus. Der Vertrieb erfolgt über den

Baumarkt (meist online) oder direkt über das Internet. Bosch bietet auch einen Installationsservice an, wenn man nicht alles selbst machen möchte.

Bosch SmartHome Starterkit mit Rauchmelder, Bewegungsmelder, Fensterkontakt und Zentraleinheit. Das Smartphone gehört nicht dazu. Fotoquelle: OBI.

Und für die handwerklich sehr geschickte „Familie Sparbier" mit dem IT-technisch begabten Sohn gibt es dann noch ein Super-Produkt für einen unschlagbaren Hammerpreis aus China. Bei *Amazon* finden Sie unter dem Stichwort *SONOFF* eine ganze Reihe von Funkaktoren für alle Anwendungen und unglaublich wenig Geld und sogar mit CE-Zeichen. Und – die Teile funktionieren. Mehr möchte ich dazu nicht schreiben.

23 Der smarte Bauherr

Sind Sie es, ein smarter Bauherr?

Zu welchem Typ gehören Sie?

Haben Sie handwerkliches Geschick und packen Sie selbst an?

Oder überlassen sie die Ausführung lieber Leuten, die das gelernt haben?

Es gibt kein Richtig oder Falsch. Werden Sie sich nur vor der Auftragsvergabe oder dem Beginn Ihrer Arbeiten klar, was Sie selbst können und auch selbst machen wollen.

23.1 Der Heimwerker

Für den Heimwerker ist es klar, die handwerklichen Arbeiten werden selbst erledigt. Doch auch hier gibt es Grenzen.

Natürlich können Sie die Rollo-Motoren einbauen und die Datenleitungen (LAN) verlegen. Doch – falls Sie kein Elektroinstallateur sind – hüten Sie sich vor blanken Kupferdrähten. Sprechen Sie sich mit dem Elektroinstallateur ab, falls Sie die Leitungen selbst verlegen wollen. Auch dafür gibt es Normen, die eingehalten werden müssen. vertrauen Sie nicht dem flotten Spruch „rot ist blau und plus ist minus" oder so ähnlich. Das ist lebensgefährlich.

Gern können Sie auch IP-Kameras an der Fassade montieren. Ein Tipp: bevor Sie den Schlagbohrer ansetzen, probieren Sie doch erst einmal mit einem direkt angeschlossenen Laptop aus, welche Kameraposition die optimalen Bilder liefert.

23.2 Der Computer-Freak

Der Computer-Freak ist fit im Umgang mit PC und Netzwerk und kann vielleicht sogar programmieren. Dann wird die Konfiguration ihres SmartHome kein Problem für Sie sein. Sollten Sie sich als Bus-System für KNX oder LCN entschieden haben, empfehle ich mindestens einen Tag professionelle Schulung. KNX programmiert sich von der Logik her völlig anders als Visual Basic, 3GL-Sprachen oder Java. Mit einem Basis-Seminar und der „unendlichen Weisheit des Internets" finden Sie sich dann schon zurecht.

Sollten Sie sich für myHomeControl entschieden haben, oder eine Lösung die nach der Methode IFTTT (IF This Than That) funktioniert, können Sie eigentlich direkt anfangen. Das ist nicht schwieriger als bei MS-Outlook einen Mail-Account einzurichten. Aber Vorsicht! Die Einfachheit verleitet zum „drauflos Experimentieren". Also zuerst den Plan machen, diesen Aufschreiben und erst dann loslegen. Wenn Sie die Liste der gewünschten Aufgaben, Funktionen und Szenen haben, empfehle ich, durch die Liste der Funktionen, Steuerblöcke und Logikbausteine der Software zu schauen. Es wäre doch dumm, wenn Sie mühsam eine Logik für die Gartenbewässerung oder die Beschattung zusammenklicken würden, obwohl es diese schon fertig zur direkten Verwendung gibt.

Sie sind Handwerkers Liebling. Sie sagen, was Sie wollen, und der bzw. die Handwerker realisieren es. Ihr neues smartes Heim soll einfach so funktionieren, wie Sie es wünschen, nicht mehr und nicht weniger. Sie wollen nicht schrauben und nicht mit der Maus Logikbausteine verbinden. Sie haben sicherlich ein anderes Hobby. Zuhause wollen Sie einfach nur komfortabel und sicher leben.

Trotzdem müssen Sie sich ein kleines Bisschen mit den smarten Funktionen auskennen. Bei Ihrem Auto wissen Sie ja schließlich auch wo das Ersatzrad ist und wie das Navi bedient wird. Sie sollten wissen, wie bestimmte Zeitvorgaben, beispielweise für die Heizung oder die Beschattung angepasst werden kann. Das ist „User-Arbeit".

24 Anbieter und SmartHome-Systeme in der Übersicht

Hier finden Sie die Kontaktdaten von Herstellern, Entwicklern und Systemintegratoren. Diese Liste kann nicht vollständig sein. Fast täglich kündigen weitere Firmen an, SmartHome Produkte anzubieten.

24.1 Akktor (Softwarehersteller, Planer, Integrator)

Schwerpunkt Automationslösungen mit großem Heizungsanteil
Akktor GmbH
Hagenstraße 13, 14193 Berlin
Tel. 030-288 309 62
info@akktor.de
http://www.akktor.de

24.2 Alfred Schellenberg (Hersteller)

Die Spezialisten für Do it Yourself / Smart Friends
Alfred Schellenberg GmbH
An den Weiden 31, D-57078 Siegen
Tel. 0 271-89056-0
info@schellenberg.de
http://www.schellenberg.de/

24.3 BootUp (SW-Hersteller, Integrator)

Lieferant diverser Fertighaushersteller
BootUp GmbH
Sonnenbergstrasse 23 , CH-5236 Remigen, Schweitz
Tel: +41 56 284 09 21
info@bootup.ch
http://www.myhomecontrol.ch

24.4 Comexio (HW- /SW-Hersteller)

Comexio GmbH
Eisenberger Str. 56a 67304 Kerzenheim
Tel: 06351-478040
info@comexio.com
www.comexio.com

24.5 Contronics (SW-Hersteller, Integrator)

contronics GmbH
Schoellerhof 1, 52399 Merzenich
Tel: 02275 / 9196-44
office@contronics.de
www.contronics.de

24.6 Digital Concepts (Hersteller, Planer, Integrator)

Digital Concepts GmbH
Wankelstraße 1, 70563 Stuttgart
Tel: 0711-508 704-0
info@digital-concepts.eu
www.digital-concepts.eu

24.7 Digitalstrom (HW- /SW-Hersteller)

Brandstrasse 33, 8952 Schlieren-Zürich, Schweiz
DE 0951-605 0251
CH +41 (0) 44 445 99 66
info@digitalstrom.com
www.digitalstrom.com

24.8 Dihva GmbH (HW- /SW-Hersteller)

Mayenerstrasse 44, 53474 Ramersbach
Tel. 0 2646-915550
Franz@dihva.de

24.9 Devolo(HW- /SW-Hersteller)

Devolo AG
Charlottenburger Allee 67
D-52068 Aachen
Tel. 0241 18279-0
info@devolo.de
www.devolo.de

24.10 ELDAT (HW-Hersteller)

ELDAT GmbH
Im Gewerbepark 14, 15711 Königs Wusterhausen
Tel: 033 75-90 37-0
info@eldat.de

24.11 Eltako (HW-Hersteller)

ELTAKO GmbH
Hofener Straße 54, 70736 Fellbach
Tel: 0711-94350000
http://www.eltako.com

24.12 Fibaro (SW-/ HW-Hersteller)

Fibaro ist derzeit der Shooting-Star der Z-Wave-basierten Systeme.
Die Liste der Installationspartner finden Sie auf dieser Website:
http://www.fibaro.com/

24.13 HomeMatic/EQ3 (HW- /SW-Hersteller)

eQ-3 AG
Maiburger Straße 29, 26789 Leer
Tel.: 0491-600 8 600
support@eQ-3.de
http://www.homematic.com
http://www.myhomematic.de

24.14 iHaus AG

Siedlerstraße 2, 85774 Unterföhring
Tel. 089 9959059-60
www.ihaus.de

24.15 IP-Symcon (SW-Hersteller, Planer, Integrator)

Symcon GmbH
Willy-Brandt-Allee 31b, D-23554 Lübeck
Tel: 0451-30500511
office@symcon.de
http://www.ip-symcon.de

24.16 Innogy-SmartHome (HW- / SW-Hersteller)

RWE Effizienz GmbH
Flamingoweg 1, 44139 Dortmund
Tel: 0800-123 40 60
www.rwe-smarthome.de
https://www.youtube.com/user/RWEAktion

24.17 myGEKKO | Ekon GmbH (SW-Hersteller)

Rienzfeldstr. 30, I-39031 Bruneck (BZ), Italien
Tel. +39 0474 551 820
info@my-gekko.com
www.my-gekko.com

24.18 Net4Home (HW- /SW-Hersteller, Planer, Integrator)

net4home GmbH
Max-von-Laue-Weg 19, 38448 Wolfsburg
http://www.net4home.de
info@net4home.de
Tel: 05363-704866

24.19 Opus Green-Net (HW-Hersteller)

JÄGER DIREKT
Hochstraße 6, 64385 Reichelsheim
Tel: 06164-9300 50
OPUSgreenNet@jaeger-direkt.com
www.opusgreen.net

24.20 Provedo (HW- / SW-Hersteller, Planer, Integrator)

provedo GmbH
Mottelerstraße 8, D-04155 Leipzig
Tel: 0341 / 355 299 70
info@provedo-automation.de
www.provedo-automation.de/

24.21 Qivicon (HW- / SW- Plattform-Hersteller)

T-Online-Allee 1, 64295 Darmstadt
www.qivicon.de
https://community.qivicon.de/

24.22 Innogy-SmartHome (HW- / SW-Hersteller)

RWE Effizienz GmbH
Flamingoweg 1, 44139 Dortmund
Tel: 0800-123 40 60
www.rwe-smarthome.de
https://www.youtube.com/user/RWEAktion

24.23 Ubisys (HW- /SW-Hersteller, Planer, Integrator)

ubisys technologies GmbH
Am Wehrhahn 45, D-40211 Düsseldorf
Tel. 0211-54 21 55 - 00
info@ubisys.de
www.ubisys.de

Z-Wave Europe GmbH (Vereinigung der Hersteller von Z-Wave-Elementen und Produkten)

Goldbachstr. 13, 09337 Hohenstein-Ernstthal

Tel: 03723 80 990 50

info@zwaveeurope.com

http://www.zwaveeurope.com

Um einen geeigneten Fachbetrieb in Ihrer Region zu finden, empfehle ich Ihnen die Suchfunktion auf der Website

http://www.smarthome-deutschland.de/fachbetriebe.html

Auch der Zentralverband des Elektrohandwerks hat angekündigt eine entsprechende Liste im Internet zu veröffentlichen.

http://www.zveh.de/der-zveh.html

Bei einem Schwerpunkt auf Heizung und Klima, finden Sie geeignete Handwerker auch beim Zentralverband Sanitär, Heizung, Klima.

http://www.zvshk.de/

Falls Sie sich für eine Technologie oder einen Hersteller entschieden haben, und Sie keine passenden Handwerker in Ihrer Nähe gefunden haben, ist es sinnvoll, den Hersteller direkt anzusprechen.

Ein Einbruch in den eigenen vier Wänden bedeutet für viele Menschen, ob jung oder alt, einen großen Schock. Dabei machen den Betroffenen die Verletzung der Privatsphäre, das verloren gegangene Sicherheitsgefühl oder auch schwerwiegende psychische Folgen, die nach einem Einbruch auftreten können, häufig mehr zu schaffen als der rein materielle Schaden.

Im Jahr 2013 ist die Zahl der Wohnungseinbrüche erneut angestiegen. Die Polizeiliche Kriminalstatistik verzeichnet rund 150.000 Fälle, das ist ein Anstieg von 3,7 Prozent gegenüber 2012. Eingebrochen wurde meist über leicht erreichbare Fenster und Wohnungs- bzw. Fenstertüren, die Einbrecher verursachten dabei einen Schaden von über 427 Millionen Euro. Gleichzeitig stieg jedoch auch die Zahl der Einbruchsversuche, also die An-

zahl der gescheiterten Einbrüche, weiter an. Diese Entwicklung ist positiv zu bewerten. Im Jahr 2012 registrierte die Polizei bundesweit über 56.000 Versuche, 2013 gab es einen Anstieg auf über 60.000. Damit bleiben also rund 40% aller Einbrüche im Versuchsstadium stecken, nicht zuletzt wegen sicherungstechnischer Maßnahmen.

http://www.polizei-beratung.de/

25.2 Fachzeitschriften

SmartHomes

Plugged Media GmbH

Franz-Haniel-Str. 20, 47443 Moers

Tel: 028 41/88 77 6-0

info@smarthomes.de

www.pluggedmedia.de

BUS-Systeme

Verlag Interpublic Bussysteme

Anschrift: Friedrich-Wolf-Str. 16a, 12527 Berlin

Tel: 030 674 39 77

redaktion@bussysteme.de

www.bussysteme.de/

Fachschriften-Verlag

Fachschriften-Verlag GmbH & Co. KG

Höhenstr. 17, 70736 Fellbach

Telefon: +49.711.5206-1

info@fachschriften.de

www.fachschriften.de

26.1 Durchschnittlicher Jahresverbrauch an *Strom*

Angegeben wird hier der durchschnittliche, jährliche Stromverbrauch in kWh. Je nach Anzahl der Personen die im Haushalt leben gelten unterschiedliche Werte als Richtlinien ob zu viel Strom verbraucht wird oder nicht.

(Werte schließen hier die eventuelle Nutzung von Warmwasserbereitung, Heizungspumpe und Elektroherd mit ein.)

Haushaltsgröße	gut, wenn:	zu hoch bei:
1 Person Haushalt	1.500 – 1.900 kWh/a	über 2.300 kWh/a
2 Person Haushalt	2.600 – 3.300 kWh/a	über 4.000 kWh/a
3 Person Haushalt	3.700 – 4.500 kWh/a	über 5.300 kWh/a
4 Person Haushalt	4.600 – 5.500 kWh/a	über 6.400 kWh/a
5 Person Haushalt	5.500 – 6.500 kWh/a	über 7.300 kWh/a

"Wie viel Strom verbrauchen Sie? Ein Vergleich mit Ihrem jährlichen Energieverbrauch zeigt Ihnen wie Sie in diesem Bereich aufgestellt sind."

Die Kilowattstunde (kWh): Mit einer kWh Strom können Sie beispielsweise 5 Stunden am PC arbeiten, 9 Liter Tee aufbrühen oder 50 Stunden lang eine Energiesparlampe (20 W) brennen lassen.

	Durch-schnitt	Viel (bis Baujahr 1977)	Wenig (ab Baujahr 2002)	SPITZE (KFW- HAUS 70)	MÖGLICH (PASSIV-HAUS)
pro m²	143,3 kWh/a	200 kWh/a	100 kWh/a	60 kWh/a	15 kWh/a
Einfa-milien-haus 160 m²	22.944 kWh/a	32.000 kWh/a	16.000 kWh/a	9.600 Kwh/a	2.400 kWh/a
Reihen-hen-haus 120 m²	17.208 kWh/a	24.000 kWh/a	12.000 kWh/a	7.200 kWh/a	1.800 kWh/a
Miet-woh-nung 83,2 m²	11.931 kWh/a	20.800 kWh/a	10.400 kWh/a	6.240 kWh/a	1.560 kWh/a

Alle Werte OHNE Warmwasserbereitung

Meine anderen SmartHome Bücher

Keine Angst vorm smarten Heim
Das Ende der Geschichten vom Bier bestellenden Kühlschrank und
dem Hacker, der die Haustür öffnet
120 Seiten, 17.11.2015
ISBN 978-3-7386-5422-6   9,99 €

Jetzt mache ich mein Heim selber smart
Anleitung für die nachträgliche Aufrüstung zum SmartHome
216 Seiten, 24.04.2013
ISBN 978-3-7322-3658-9 24,50 €

Smart-Living
Vom Luxusspielzeug zum gesellschaftlichen Pflichtprogramm
116 Seiten, 09.01.2014
ISBN 978-3-7322-9230-1 19,90 €

SmartHome für alle
Wissenswertes und Anleitungen zur Nutzung smarter Technologien in
Wohnung, Eigenheim und Büro
160 Seiten, 24.05.2012
ISBN 978-3-8482-0032-0   19,90 €

Und so kommen Sie zum Bookshop:
https://www.bod.de/buchshop/catalogsearch/result/?q=ohland